WISSEN KOMPAKT

Rudolf Jourdan

Professionelles Marketing
für Stadt, Gemeinde und Landkreis

2., überarb. u. erw. Auflage

Verlag Wissenschaft & Praxis

Bibliografische Information der Deutschen Bibliothek

Die Deutsche Bibliothek verzeichnet diese Publikation in der Deutschen Nationalbibliografie; detaillierte bibliografische Daten sind im Internet über http://dnb.ddb.de abrufbar.

ISBN 978-3-89673-439-6

© Verlag Wissenschaft & Praxis
Dr. Brauner GmbH 2007
D-75447 Sternenfels, Nußbaumweg 6
Tel. 07045/930093 Fax 07045/930094

Alle Rechte vorbehalten

Das Werk einschließlich aller seiner Teile ist urheberrechtlich geschützt. Jede Verwertung außerhalb der engen Grenzen des Urheberrechtsgesetzes ist ohne Zustimmung des Verlages unzulässig und strafbar. Das gilt insbesondere für Vervielfältigungen, Übersetzungen, Mikroverfilmungen und die Einspeicherung und Verarbeitung in elektronischen Systemen.

Printed in Germany

Inhalt

Einleitung 9
Vorwort zur 2. Auflage 11
Kapitel I Marketing: Begriff, Entwicklung, Bedeutung 13
   1. Marketing – ein Zauberwort 13
   2. Begriffe 13
      2.1 Klassisches Marketing 13
      2.2 Modernes, generisches Marketing 14
      2.3 Einzelne Bereiche bzw. Arten des Marketing 15
      2.4 Abgrenzung zu 16
   3. Entwicklung 18
      3.1 Ursprünglich: Lehre von Handel und Absatz 18
      3.2 Verkäufermarkt 18
      3.3 Wandel zum Käufermarkt 19
   4. Bedeutung 20
Kapitel II Marketing – Erfolgsfaktor auch im öffentlichen Sektor? 21
   1. Privatwirtschaftliche „Erfolgsgeschichte" 21
   2. Gründe 21
   3. Reformdiskussion im öffentlichen Sektor 22
   4. Pro und Contra eines Marketing im öffentlichen Sektor 22
      4.1 Vorbemerkung 22
      4.2 Für ein Marketing im öffentlichen Sektor sprechen 23
      4.3 Gegen ein Marketing im öffentlichen Sektor sprechen 23
      4.4 Marketing im Hoheitsbereich 24
Kapitel III Übertragbarkeit des Marketing auf Kommunen 25
   1. Vorbemerkung 25
   2. Marketing-Management 26
      2.1 Voraussetzung 26
      2.2 Begriff 27
      2.3 Aufgaben 27

3. Marketing-Konzept ... 28
   3.1 Begriff ... 28
   3.2 Kommunales Marketing-Konzept ... 29
   3.3 Definition des Aktionsbereichs ... 29
   3.4 Situationsanalyse
      (andere Begriffe „Marketingforschung", „Absatzforschung") ... 31
   3.5 Zielplanung ... 31
   3.6 Strategieplanung ... 35
   3.7 Gestaltung des Marketing-Mix ... 38
   3.8 Implementierung ... 46

Kapitel IV Wichtige Einsatzbereiche ... 49
1. Zwei Grundsatzfragen ... 49
2. Stadt/Gemeinde/Landkreis als „Produkt?" ... 50
3. Stadt/Gemeinde/Landkreis: Vom Produkt zur Marke ... 52
4. Schlussfolgerung ... 56
5. Vom Gesamtkonzept zu den Einzelkonzepten (Hauptziel und Einzelziele) 57
6. Exkurs: Positionierung ... 58
7. Wichtige Aufgabenfelder (Einzelziele) ... 59
   7.1 Vorbemerkung ... 59
   7.2 Standortmarketing ... 60
   7.3 Besuchermarketing ... 61
   7.4 Bürger- und Einwohnermarketing ... 62
   7.5 Verwaltungsmarketing ... 63

Kapitel V Stadt-, City- und Kommunalmarketing ... 67
1. Vorbemerkung ... 67
2. Verschiedene Begriffe und was sie bedeuten ... 67
   2.1 Stadt- und Kommunalmarketing ... 67
   2.2 Citymarketing ... 69
   2.3 Regionalmarketing ... 70
   2.4 Citymanagement ... 71
   2.5 Centermanagement ... 72
3. Gründe, Notwendigkeiten, Ziele ... 72
   3.1 Gründe und Notwendigkeiten ... 72
   3.2 Ziele ... 74

4. Rechtliche Grundlagen, Organisation und Rechtsform 75
   4.1 Rechtliche Grundlagen 75
   4.2 Organisatorische Grundüberlegungen 75
   4.3 Wer erstellt die Marketing-Konzeption? 76
   4.4 Interne Organisation 77
   4.5 Die Rolle des Gemeinderats 80
   4.6 Rechtsform 81
5. Die Akteure im Stadt- und Kommunalmarketing 82
   5.1 Vorbemerkung 82
   5.2 Öffentliche Beteiligte 83
   5.3 Private Beteiligte 83
   5.4 Externe Beratungsunternehmen 84
   5.5 BID (= Business Improvement Districts) 86
6. Ablauf des Stadt- und Kommunalmarketing-Prozesses 87
   6.1 Vorbemerkung 87
   6.2 Der Ablauf auf einen Blick: Das Sieben-Phasen-Modell 88
   6.3 Phase 1: Initialisierung 88
   6.4 Phase 2: Situationsanalyse 89
   6.5 Phase 3: Konzeption 93
   6.6 Phase 4: Entscheidung 96
   6.7 Phase 5: Umsetzung (Realisierung) 96
   6.8 Phase 6: Kontrolle 97
   6.9 Phase 7: Fortschreibung (Aktualisierung) 99
   6.10 Zeitlicher Ablauf 99
   6.11 Kosten 100
   6.12 Schlussbetrachtung in Form von „Zehn Geboten" 100

Kapitel VI Marketing: „Beispiel Freibad in S." 103
1. Sachverhalt 103
2. Aufgabe der Fallbearbeitung 103
3. Lösungsüberlegungen 104
4. Analyse 104
   4.1 Potenzialanalyse Zielgruppe: ⊃ das Unternehmen „Freibad S." 104
   4.2 Konkurrenzanalyse Zielgruppe: ⊃ Wettbewerber 105
   4.3 Umfeldanalyse Zielgruppe: ⊃ Umfeld 106
   4.4 Marktanalyse Zielgruppe: ⊃ Abnehmer 106

- 4.5 Auf einen Blick: Die Analyse (auch „Situationsanalyse" und „Marketingforschung" genannt) 107
- 5. Zielfindung 107
  - 5.1 Unsere Corporate Identity als Basis 108
  - 5.2 Marktökonomische Marketing-Ziele 108
  - 5.3 Marktpsychologische Marketing-Ziele 109
  - 5.4 Operationalisierung 109
- 6. Strategiebestimmung 109
- 7. Umsetzung 110
  - 7.1 Einsatz der Marketing-Instrumente 110
  - 7.2 Umsetzungsmanagement 110
- 8. Kontrolle 111
  - 8.1 Ergebnisbezogene Marketing-Kontrolle 111
  - 8.2 Prozessbezogene Marketing-Kontrolle (auch „Marketing-Controlling" oder „Marketing-Audit" genannt) 112
  - 8.3 Durchführung der Kontrolle 112
- 9. Schlussbetrachtung 113

Anlage 115
- 1. Wirtschaftsförderung: Teil „Standortfaktoren" 115
  - 1.1 Bedeutung 115
  - 1.2 Rahmenbedingungen 115
  - 1.3 Anforderungen 115
  - 1.4 Arten von Standortentscheidungen 116
- 2. Begriffe 116
  - 2.1 Standort 116
  - 2.2 Standortfaktoren 116
- 3. Elemente der Standortentscheidung 116
  - 3.1 Externe und interne Daten 116
  - 3.2 Standortfaktoren 117

Literaturverzeichnis 121
- I. Marketing allgemein 121
- II. Stadt- und Kommunalmarketing 122

Einleitung

Die „kommunale Landschaft" der Städte, Gemeinden und Landkreise steht zu Beginn des 21. Jahrhunderts vor einer in diesen Dimensionen bisher noch nicht erlebten Herausforderung.

Auf der einen Seite ist heute ein in früheren Jahren bzw. Jahrzehnten nicht gekanntes, ja nicht einmal erträumtes Leistungsniveau vorhanden. Man denke nur an die zum Teil optimale Ausgestaltung der Infrastruktur in den Bereichen Bildung und Kultur, Ver- und Entsorgung, Straßen- und Verkehrsnetz und vieles mehr. Dieses, gegenüber vielen anderen Staaten geradezu vorbildliche Dienstleistungsangebot machte zugleich auch das immense Anwachsen der Sach- und vor allem der Personalkosten unvermeidlich.

Auf der anderen Seite stehen heute die dramatisch wegbrechenden kommunalen Einnahmen, insbesondere bei der Gewerbesteuer, aber auch in Bezug auf die nicht mehr allzu üppig fließenden staatlichen Zuschüsse. Zu den oben genannten Ausgaben für die Sicherstellung des öffentlichen Dienstleistungsangebots kommen die seit Jahren steigenden Sozialausgaben, was sich für die kreisangehörigen Städte und Gemeinden in immer höheren Hebesätzen bei der Kreisumlage auswirkt. Neben den in rekordverdächtiger Weise explodierenden Soziallasten ist bei den Landkreisen zudem seit Jahren eine Stagnation, ja Rückgang des Aufkommens an Grunderwerbssteuer zu konstatieren.

Ein weiterer Aspekt dieser kommunalen Krisensituation sind die Ansprüche der Bürgerinnen und Bürger. Bisher durch das gute Leistungsangebot in ihrer Stadt bzw. Gemeinde „verwöhnt", fällt es ihnen schwer, auf „Liebgewonnenes" zu verzichten oder auch nur Einschränkungen beispielsweise in der Form reduzierter Öffnungszeiten oder angehobener Benutzungsentgelte in Kauf zu nehmen. Schlagworte wie „Sozialabbau, Kinderfeindlichkeit, Verlust an Lebensqualität u.a." sind hier schnell formuliert und vorwurfsvoll an die Adresse der in Stadt, Gemeinde und Landkreis Verantwortung tragenden Kommunalpolitiker und Verwaltungsmanager gerichtet.

Was bleibt zu tun? Niemand wird sich anmaßen, hier eine Patentlösung anbieten zu können. Denn es gibt sie nicht! Doch nur klagen und jammern und auf die „große Politik" in Berlin oder in der Landeshauptstadt zu schimpfen, mag zwar populär sein und wird zuweilen auch fleißig „geübt", ist langfristig jedoch kaum der „Weg aus der Krise".

Erfolgversprechender erscheint ein anderer Ansatz, nämlich vor Ort in der jeweiligen Stadt oder Gemeinde sich der vorhandenen bürgerschaftlichen Potenziale zu erinnern, sie zu aktivieren, für das Erreichen eines gemeinsam definierten Zieles zu bündeln und daraus die Kraft für neue Formen des stadt- bzw. gemeindeinternen Zusammenlebens zu schöpfen.

Aus der Organisations-Psychologie bekannt geworden ist der englischsprachige Begriff „Commitment". Es ist die vertrauensgetragene Verpflichtung, sich hinter eine getroffene Vereinbarung zu stellen, aus dem Gefühl heraus, dass jede Seite auch die Interessen des Vereinbarungspartners akzeptiert und beachtet, und dass keine Seite die andere „über den Tisch zieht" und dass jede Seite ihr Bestmögliches tun wird. Dies aber setzt zunächst einmal das Miteinander-Reden, den Standpunkt des anderen kennen lernen und respektieren voraus. Hinzukommen muss dann der Wille, sich auf ein gemeinsames Ziel zu verständigen und die Bereitschaft des einzelnen, seinen entsprechenden Zielbeitrag zu leisten.

Hier könnte Marketing eine wichtige, unterstützende Funktion methodischer und inhaltlicher Art übernehmen. Ausgehend von dem Grundgedanken des Marketing, „in Kundenbedürfnissen" zu denken, wäre es Grundlage und Plattform für eine angestrebte Kundenorientierung. Mit Hilfe der Marktforschung würden – in regelmäßigen Abständen und in methodisch sauberer und nachprüfbarer Form – die erforderlichen Grundinformationen über Bedürfnisse, Forderungen und Wünsche des Bürgers als „Verwaltungskunden" geliefert, Stärken und Schwächen ausgelotet sowie Chancen und Risiken abgewogen. Auf der Grundlage dieser Daten könnten die oftmals eher vage abstrakten Wunschvorstellungen in (konkrete) Ziele umgewandelt, daraus Strategien entwickelt und mittels der verschiedenen Marketing-Instrumente umgesetzt werden.

Diese beschriebenen Überlegungen und methodischen Vorgehensweisen zusammengefasst ergeben einen Handlungsentwurf, der nichts anderes als ein klassisches Marketing-Konzept darstellt.

Den Städten und Gemeinden wie auch Landkreisen bei der Erstellung eines solchen Hauptkonzeptes für die ganze Kommune oder eines Einzelkonzeptes für einen bestimmten Teilbereich eine methodische Handreichung zu geben, dies ist Zweck und Ziel dieser Veröffentlichung. Dabei ist ein Mindestmaß an theoretischem Marketing-Basiswissen notwendig. Deshalb werden im Kapitel I zunächst einige Ausführungen zum Begriff, zur Bedeutung und der Entwicklung des Marketing gemacht. Die Für und Wider von Marketing im öffentlichen Sektor werden im zweiten Kapitel erörtert. Die Kapitel III und IV beschäftigen sich konkret mit der Übertragbarkeit des Marketing auf Kommunen und nennen einige wichtige Einsatzbereiche. Das Stadt-, City- und Kommunalmarketing findet sich mit einer ausführlichen Darstellung im Kapitel V. Anhand eines Beispielsfalles wird im abschließenden Kapitel VI erläutert, wie Marketing bei einer öffentlichen Einrichtung – hier eines Freibades – in der Praxis stattfinden könnte.

Vorwort zur 2. Auflage

Mit der zweiten Auflage sind die Kapitel III „Übertragbarkeit des Marketing auf Kommunen", Kapitel IV „Wichtige Einsatzbereiche" und Kapitel V „Stadt-, City- und Kommunalmarketing" überarbeitet, aktualisiert und erweitert worden. So sind im Abschnitt 3.6 „Strategieplanung" die Arten der Strategie inhaltlich umfassender beschrieben und mit kommunalen Beispielen angereichert worden.

Sehr ausführlich behandelt wurde im Kapitel IV die Frage, warum die Kommune – trotz vorhandener Bedenken – als ein vermarktungsfähiges Produkt angesehen werden kann. Darauf aufbauend ist der Teil 3 „Stadt/Gemeinde/Landkreis: Vom Produkt zur Marke" neu aufgenommen und damit der aktuellen Diskussion Rechnung getragen worden.

Der vielerorts bestehende Bedeutungsverlust der Innenstädte ist Gegenstand der Betrachtung im wesentlich erweiterten Teil „Citymarketing". Neu aufgenommen und ausführlich dargestellt wird auch das „Projekt BID *(Business Improvement Districts)*, mit dem die Einzelhändler und andere örtliche Akteure der Konkurrenz „auf der grünen Wiese" begegnen wollen. Schließlich wurde noch die Phase „Kontrolle" beim Ablauf des Stadt- und Kommunalmarketing-Prozesses überarbeitet.

Mein Dank gilt Herrn Verleger Dr. Detlef Jürgen Brauner für die ausgezeichnete Unterstützung und vertrauensvolle Zusammenarbeit.

Ludwigsburg, im Spätjahr 2007   Rudolf Jourdan

Kapitel I
Marketing: Begriff, Entwicklung, Bedeutung

1. Marketing – ein Zauberwort

„Marketing ist nicht alles – aber ohne Marketing ist alles nichts!" – rasch ist man geneigt, dieser Aussage vollinhaltlich beizupflichten, verfolgt man die örtliche und überörtliche Presse, in der dem Wort „Marketing" eine überragende Rolle zukommt. In der großen Politik versuchen die Regierenden, ihre Reformpakete, um der größeren Akzeptanz willen, dem umworbenen Wähler gegenüber erfolgreich zu „vermarkten", während in den Wirtschaftsspalten das Unternehmen X mit einer neuen Marketing-Strategie verlorenen Boden gutmachen will. Schließlich spricht sich im Lokalteil der Heimatzeitung der Bürgermeister von A-Dorf dafür aus, das neue Gewerbegebiet auswärtigen Unternehmen mit pfiffigen Marketingideen schmackhaft zu machen. Und zu guter Letzt wird in der Ratgeberecke dem Stellensuchenden von Personalberatern dringend empfohlen, besonderen Wert auf das „Selbstmarketing „zu legen.

Marketing als **das** Erfolgsrezept für alle, die auf der Sonnenseite des Lebens stehen wollen?

Im Folgenden wird der Versuch unternommen, den Begriff „Marketing" zu erläutern und gegenüber anderen Begriffen abzugrenzen. Ein kurzer Blick sei auch auf die Entwicklung des Marketing geworfen und danach einige Ausführungen zur **heutigen** Bedeutung des Marketing in Gesellschaft und Wirtschaft gemacht.

2. Begriffe

Die Vielzahl von Begriffsbestimmungen soll nicht um eine weitere Definition bereichert werden. Hilfreicher ist vielmehr die Unterscheidung zwischen dem **klassischen** rein kommerziell-orientierten Marketing (= enge Fassung) und dem **modernen** generischen Marketing (= weite Fassung), das auch die nicht-kommerziellen Austauschbeziehungen umfasst.

2.1 Klassisches Marketing
Hierfür kann die Definition von Becker (2006, S. 3) stehen:

„Marketing als Führungsphilosophie kann umschrieben werden als die bewusste Führung des gesamten Unternehmens vom Absatzmarkt her, d.h. der Kunde und seine Nutzenansprüche sowie ihre konsequente Erfüllung stehen im Mittelpunkt des unternehmerischen Handelns, um so unter Käufermarkt-Bedingungen Erfolg und Existenz des Unternehmens dauerhaft zu sichern".

Ähnlich, wenn auch kürzer und prägnanter Meffert (2000, S. 8):

> „Marketing ist die bewusst marktorientierte Führung des gesamten Unternehmens."

2.2 Modernes, generisches Marketing

Kotler/Bliemel, Marketing Management. Analyse, Planung und Verwirklichung, 12. A. sehen

> „Marketing als einen Prozess im Wirtschafts- und Sozialgefüge, durch den Einzelpersonen und Gruppen ihre Bedürfnisse befriedigen, indem sie Produkte und andere Dinge von Wert erzeugen, anbieten und miteinander austauschen."

Mit dieser weiten, nicht allein ökonomisch-orientierten Fassung des Begriffs Marketing ist das Anwendungsgebiet der Marketing-Überlegungen auch für die nichtkommerziellen (Non-Business-Marketing) Bereiche interessant geworden. Zu diesem Non-Business-Bereich (auch „Non-Profit-Marketing" genannt) zählen u.a.

Kirchen, Berufsverbände, Hochschulen, Wohlfahrtsorganisationen wie etwa das Deutsche Rote Kreuz, Bildungs- und Kulturstätten wie z.b. Theater und Museen, Politiker und Parteien, aber auch öffentliche Unternehmen wie etwa die Stadtwerke GmbH und natürlich die öffentliche Verwaltung von Bund, Land, Landkreis und Gemeinden.

Eine Sonderform des Non-Business-Marketing ist das **Social Marketing**, das sich zumeist um die Lösung aktueller gesellschaftlicher Probleme bemüht. Der engere Ansatz geht von nicht-kommerziellen Organisationen als Träger des Social Marketing aus und bezieht sich nur auf soziale Aktivitäten (z.B. Deutsches Rotes Kreuz, Samariterbund). Demgegenüber umfasst der weitergehende Sozioansatz auch das Marketing z.B. zur Lösung von Problemen im Natur- und Umweltschutz.

Non-Profit-Marketing
Unterscheidung nach

⇩	⇩
***Social* Marketing**	***Public* Marketing**
(= Sozio-Marketing)	(= Marketing öffentlicher Aufgabenträger)
Ziel:	Bereiche:
⊃ Lösung aktueller gesellschaftlicher Probleme.	- Stadt- und Kommunalmarketing
Dazu gehören soziale Aktivitäten	- Citymarketing
(z.B. Deutsches Rotes Kreuz) ebenso	- Regionalmarketing
wie das Engagement im Umweltschutz	- Standortmarketing
(z.B. BUND)	- Kulturmarketing

Abb. 1: Non-Profit-Marketing

2.3 Einzelne Bereiche bzw. Arten des Marketing

Die nachstehenden Ausführungen beschränken sich auf den öffentlichen kommunalen Sektor.

Während hier das Sachgütermarketing nur eine eingeschränkte Rolle spielt, kommt dem **Dienstleistungsmarketing** eine herausragende Bedeutung zu. Denn: die Kreis-, Stadt- und Gemeindeverwaltungen einschließlich der Bereiche Bildung, Kultur, Freizeit, Sport und Tourismus, Ver- und Entsorgung sind typische Dienstleistungsbetriebe. Auf die Besonderheiten des Dienstleistungsmarketing gegenüber dem Sachgüter- bzw. Produktmarketing wird noch ausführlich eingegangen.

Nach dem Organisationszweck wird zwischen dem Marketing für **Profit-** (Business) und **Non-Profit-** (Non-Business) Organisationen unterschieden. Zu den letzteren Organisationen gehören alle Bereiche der Kommunalverwaltung.

Marketing	
Einteilung in	
⇩	⇩
***Non-Profit*-Marketing**	***Profit*-Marketing**
(= *nicht*-kommerzielles Marketing bzw. Non-Business-Marketing)	(= *kommerzielles* Marketing bzw. Business-Marketing)
Es hat Bedeutung für nicht-kommerzielle Organisationen. Sie streben nicht nach Gewinn, sondern haben als dominantes Oberziel die Erbringung spezifischer nutzenstiftender Leistungen für die Allgemeinheit oder für Teilgruppen der Öffentlichkeit.	Das ursprüngliche klassische Marketing war auf kommerzielle Unternehmen abgestellt, für deren angebotene Marktleistungen der Nachfrager einen Kaufpreis zu entrichten hat.
Die Erzielung einer finanziellen Deckung bei der Leistungserstellung hat nur Mittelcharakter.	Spezifische Formen des kommerziellen Marketing sind z.B. das Konsumgüter-, Investitionsgüter-, Dienstleistungs-, Handels-, Bankenmarketing usw.

Abbildung 2: Marketing

Auf den „Absatzraum" bezogen sind im öffentlichen Sektor **Regional-, Stadt-** und **Kommunal-** sowie **City**marketing von Bedeutung. Diese Thematik wird Schwerpunkt des fünften Kapitels sein.

In Bezug auf die eingesetzten Instrumente und den zeitlichen Horizont ist die Einteilung in das **strategische** und **operative** Marketing üblich und sinnvoll. Das strategische Marketing macht Aussagen über das langfristige Verhalten von Institutionen, wobei bestimmte Umweltbedingungen angenommen werden. Das strategische Marketing ist wesentlicher Bestandteil des Marketingkonzeptes, insbesondere mit den Elementen Ziel- und Strategiebestimmung. Dazu zählt auch das Marketing-Controlling als zentraler Bestandteil der Unternehmensführung. Das operative Marketing knüpft an die Ergebnisse der Planung des strategischen Marketing an, um bestehende Erfolgspotenziale auszuschöpfen und in Form von Erfolg zu realisieren.

Im Einzelnen geht es um die konkrete und kurzfristige Festlegung von Maßnahmen und deren Umsetzung im Rahmen der Produkt-, Preis- Kommunikations- und Distributionspolitik. Praktische Bedeutung hat auch die Unterscheidung in **externes** und **internes** Marketing. Es liegt in der Marketingphilosophie begründet, dass alle unternehmerischen Aktivitäten auf den Markt ausgerichtet sind. Deshalb ist es nahe liegend, zunächst das externe Marketing zu meinen, wenn der Begriff Marketing fällt. Doch wer am (externen) Markt erfolgreich sein will, der muss zuerst intern seine „Hausaufgaben" gemacht haben. Dies bedeutet: Das interne (innengerichtete) Marketing hat das Ziel, motivierte und kundenorientierte Mitarbeiterinnen und Mitarbeiter zu gewinnen, zu entwickeln und zu erhalten. Im Mittelpunkt des internen Marketing steht also die Mitarbeiterorientierung. Vor allem bei Dienstleistungsunternehmen wie der Kommunalverwaltung hat das interne Marketing eine herausragende Bedeutung.

2.4 Abgrenzung zu

Nachstehend sollen einige Begriffe kurz erläutert werden, die oft auch in direkter oder indirekter Weise mit Marketing in Verbindung gebracht werden:

Öffentlichkeitsarbeit

= die Gesamtheit aller Aktivitäten, die darauf gerichtet sind, das Ansehen einer Institution (Unternehmen, Verwaltung u.a.) zu fördern bzw. zu verbessern.

Die wichtigsten Elemente des Begriff sind: gewollt – planmäßig und langfristig – Beziehungspflege – Öffentlichkeit – unter Berücksichtigung der Einstellung der Öffentlichkeit – Information – Herbeiführung von Interesse, positiver Einstellung und Vertrauen.

Public Relations ist der amerikanische bzw. englische, längst auch im deutschsprachigen Raum vielfach gebrauchte synonyme Ausdruck für Öffentlichkeitsarbeit.

Die Öffentlichkeitsarbeit ist ein Element des Marketinginstruments „Kommunikations-Politik".

Werbung

= die verkaufspolitischen Zwecken dienende, absichtliche und zwangfreie Einwirkung auf Menschen mittels spezieller Kommunikationsmittel (Behrends 1963 S. 14).

Während die Öffentlichkeitsarbeit (PR) darauf zielt, die Institution (Unternehmen, Verwaltung u.a.) als Ganzes herauszustellen bzw. in einem „guten Licht" erscheinen zu lassen, geht es bei der Werbung um die intensive Beeinflussung von Menschen (*Werbesubjekte*) in Bezug auf bestimmte Produkte bzw. Dienstleistungen (*Werbeobjekte*).

Die Werbung ist ein Element des Marketinginstruments „Kommunikations-Politik".

Propaganda

= als einer Sonderform der Werbung geht es um politische oder weltanschauliche Ziele, für die geworben werden soll. Beispielhaft genannt seien die Aktivitäten der politischen Parteien und Religionsgesellschaften.

Der Begriff Propaganda ist – nicht zuletzt wegen unserer „Dritte-Reich-Vergangenheit" – fast zu einem Unwort worden. Er findet deshalb nur noch selten Verwendung!

Corporate Identity

= wörtlich „Unternehmensidentität" bzw. „Unternehmenspersönlichkeit". Sie bezeichnet die spezifische, einheitliche Selbstdarstellung eines Unternehmens nach innen und nach außen. Auch „Selbst-" oder „Eigenbild" eines Unternehmens genannt. Ziel ist es, ein angestrebtes „Corporate Image" (auch „Soll-Image" bezeichnet) zu erreichen. Dies geschieht durch den Einsatz der drei Gestaltungselemente *Corporate Communications* (Unternehmens-Kommunikation), *Corporate Behavior* (Unternehmens-Verhalten) und *Corporate Design* (Unternehmens-Erscheinungsbild). Die Corporate Identity ist Bestandteil des strategischen Marketing.

Corporate Image

= die Gesamtheit von subjektiven und objektiven, also eventuell auch falscher, teilweise stark emotional getönter Vorstellungen, Einstellungen, Gefühle, Erfahrungen und Kenntnisse einer Person von einem Meinungsgegenstand (Person, Institution, Produkt).

Oftmals auch als „Fremdbild" eines Meinungsgegenstandes bezeichnet. Im Idealfall sind Eigen- und Fremdbild identisch. Weicht das (angestrebte) Soll-Image vom Ist-Image in negativer Weise ab, so wird zumeist durch eine „Imagepolitik" versucht, das Image im angestrebten Sinne zu verändern. Vor dem Einsatz entsprechender kommunikationspolitischer Instrumente sollte eine Imageanalyse stattfinden, die vor allem vorhandene Schwächen und (weitere) Gründe für das negative Image aufdecken muss.

Unternehmensphilosophie (= *Das, was man sagt!*)

= wird als das oberste Leitbild eines Unternehmens bezeichnet. Sie enthält allgemeine Zielvorstellungen sowie (ethische und moralische) Werthaltungen und Normen des Unternehmens; des Weiteren ist sie die Ausgangsbasis für die Formulierung des Zielsystems und die Grundlage für die Corporate Identity.

Die Unternehmensphilosophie ist Bestandteil des strategischen Marketing.

Unternehmenskultur *(= Das, was man tut!)*
= Jede Institution, ob Unternehmen oder Verwaltung, hat – bewusst oder unbewusst – eine gewisse Kultur. Die Unternehmenskultur umfasst alle Werte im Sinne von generellen Wegweisern und Normen im Sinne von speziellen Verhaltensregeln, die das Auftreten und Verhalten der Führungspersonen und der Mitarbeiter prägen.

Diese personale Beeinflussung wirkt sich sowohl auf den Ablauf der internen Prozesse als auch auf die Darstellung des Unternehmens nach außen aus.

In Abgrenzung zur Unternehmensphilosophie ist die Unternehmenskultur ein „sichtbar gelebtes Wertesystem" (so: Peters/Watermann, 1984). Sie ist Bestandteil des strategischen Marketing.

3. Entwicklung

Der Grundgedanke des Marketing in seiner ursprünglichsten Form, sich an den Wünschen und Bedürfnissen der Kunden zu orientieren, ist nicht neu (Wölm 1998, S. 20). Marketing in diesem Sinne gibt es schon seit es Produzenten, Händler und Kaufleute gibt. Auch wenn diese den Begriff Marketing nicht kannten, so haben sich – die erfolgreichen unter ihnen – an den Wünschen ihrer Kunden ausgerichtet.

3.1 Ursprünglich: Lehre von Handel und Absatz

Der Begriff entstand zu Beginn des 20. Jahrhunderts in den USA. Dort ging es damals vor allem um die Vermarktung landwirtschaftlicher Erzeugnisse zur Ernährung der Bevölkerung. Zentrales Thema war die Verteilung der Güter. Es musste ein „optimaler" Marktplatz gefunden werden, um Anbieter und Nachfrager möglichst „auf kurzem Wege" zusammenzubringen. Dies war die „Geburtsstunde" des modernen Marketing.

In der Bundesrepublik steht Marketing erst nach dem zweiten Weltkrieg „auf der Tagesordnung". Es war die Notsituation der Mangelgesellschaft der Kriegs- und unmittelbaren Nachkriegsjahre. Im Vordergrund stand der Aufbau der Produktion. Hauptproblem war, die Menschen ausreichend zu versorgen.

3.2 Verkäufermarkt

Im Vordergrund stand – aus Unternehmersicht – die Aufgabe, möglichst viele Produkte herzustellen, um die steigende Nachfrage befriedigen zu können. Die Organisation des Absatzes, also der Vertrieb, war ein untergeordnetes Thema, wenn überhaupt. Da ein solcher Nachfrageüberhang zwangsläufig mit einer starken Marktposition der Verkäuferseite einhergeht, spricht man von einem **Verkäufermarkt**. In ihm spielt die Kundenorientierung als wichtigstes Leitprinzip des Marketing keine oder nur eine eingeschränkte Rolle.

3.3 Wandel zum Käufermarkt

Mitte der **60er Jahre** wandelten sich durch steigende Massenproduktionen, Befriedigung des Nachholbedarfs, Anwachsen der Kaufkraft und die Liberalisierung der Märkte mit dem Auftreten neuer Wettbewerber die Verkäufer- zu Käufermärkten. Dies bedeutete: Die Käuferseite dominierte das Marktgeschehen insofern, als der Käufer auswählen konnte, bei welchem Anbieter er sich seine Wünsche erfüllen ließ. Jetzt war er geboren – der „König Kunde!" Damit war der Wandel zur Gesellschaft des (relativen) Überflusses erfolgt:

Fast alle Güter und Leistungen waren im Überfluss vorhanden – der Engpass war die kaufkräftige Nachfrage, der Kunde wurde zur „Mangelware!".

Für die Anbieter hatte dies die Konsequenz, dass sich nicht mehr jedes Produkt „von allein" verkaufte. Um sich – unter diesen neuen Bedingungen – am Markt behaupten zu können, sahen sich die Anbieter mit dem Zwang konfrontiert, ein aktives Absatzmarketing zu betreiben und sich verstärkt an den Wünschen und Nutzenansprüchen der Kunden zu orientieren.

In den **80er Jahren** kam ein „neues Phänomen" dazu. Bedingt durch das zunehmende Auftreten neuer Wettbewerber bei gleichzeitiger Stagnation der Nachfrage rückte neben den Endabnehmern zunehmend die Konkurrenz in den Mittelpunkt des Marketinginteresses. Selbstverständlich spielten Konkurrenzüberlegungen schon immer beim Marketing eine Rolle. Solange aber die Märkte noch wuchsen und die Konkurrenzsituation überschaubar blieb, hielt sich der Einfluss der Wettbewerber auf die Marketingentscheidungen in Grenzen.

Wenn aber der Markt stagniert, können Marktanteil-Gewinne eines Unternehmens nur noch zu Lasten der anderen Anbieter gehen.

Diese Entwicklung hat in vielen Branchen zu einer ausgeprägten Konkurrenzorientierung geführt, die sich im Bemühen um Wettbewerbsvorteile zeigt. Ein solcher Wettbewerbsvorteil bedeutet, dass ein Unternehmen in den *Augen des Kunden* einen (erheblichen) Leistungsvorsprung gegenüber anderen Unternehmen hat.

Gründe für einen solchen Leistungsvorsprung können hohe Produktqualität, besonderer Service oder niedrige Preise sein. Eine wichtige Aufgabe des Marketing besteht darin, solche Vorteile gegenüber den Hauptwettbewerbern aufzubauen und im Markt durchzusetzen.

Hinweis: Die vorgenannten Ausführungen zur Entwicklung des Marketing erfolgten in starker Anlehnung an Froböse/Kaapke (2003).

4. Bedeutung

Aus der vorstehenden kurzen Skizzierung der Entwicklung ist ersichtlich, dass beim Marketing ein großer Bedeutungswandel stattgefunden hat. In seinen Ursprüngen war Marketing auf den Absatzbereich beschränkt. Es ging also um die physische und dispositive Weiterleitung von Gütern an andere Wirtschaftspartner. Heute geht der Begriff Marketing weit darüber hinaus und bezieht sich auf die aktive Gestaltung von Märkten. So gesehen ist Marketing nicht nur die Deckung von Nachfrage, sondern soll diese geradezu produzieren.

Marketing ist längst zu einer Denkhaltung bzw. Unternehmensphilosophie geworden, ja Raffée spricht gar von Marketing als einer Grundkonzeption der modernen Betriebswirtschaftslehre (1974, S. 107).

Mit der Übertragung des (kommerziellen) Marketing-Konzeptes auf nicht-kommerzielle Organisationen hat das Marketing endgültig seinen Durchbruch auch im nicht-erwerbswirtschaftlichen Sektor geschafft. Das Für und Wider eines Marketing im öffentlichen, insbesondere kommunalen Bereich, soll Gegenstand des Kapitels II „Marketing – Erfolgsfaktor auch im öffentlichen Sektor?" sein.

Kapitel II
Marketing – Erfolgsfaktor auch im öffentlichen Sektor?

1. Privatwirtschaftliche „Erfolgsgeschichte"

Marketing ist in der Privatwirtschaft schon längst zu einem unverzichtbaren Bestandteil erfolgreicher Unternehmensführung geworden. Oder um es etwas salopp auszudrücken: „Ohne Marketing läuft in der Erwerbswirtschaft nichts mehr!" Und es ist wohl unstrittig, dass Unternehmen, die keine echte Kundenorientierung – also Marketing – betreiben, ihren Zweck verfehlt haben. Volkswirtschaftlich betrachtet liegt die Existenzberechtigung eines Unternehmens letztendlich darin, Produkte und Dienstleistungen anzubieten, welche die Wünsche und Bedürfnisse der Käufer befriedigen. Als sicherlich angenehmer Nebeneffekt stellen sich dann – zumeist – auch die Gewinne ein.

Es verwundert deshalb nicht, dass die privatwirtschaftliche „Erfolgsgeschichte" des Marketing immer mehr auch im öffentlichen Sektor mit Aufmerksamkeit verfolgt wird. Und daher wird der Ruf, ja die Forderung, es auch im öffentlichen Bereich „mit „Marketing zu versuchen", immer lauter. Vor allem die seit jeher dem „öffentlichen Wirtschaften" mit großer Skepsis begegnenden (erfolgreichen) Manager der Privatwirtschaft erheben – ebenso wie der geballte betriebswirtschaftliche Professorensachverstand in der Fachliteratur – die Forderung das „Erfolgsrezept Marketing" auch in den öffentlichen Bereich zu übernehmen bzw. die bereits praktizierten Marketingansätze zu einem vollständigen Marketing-Konzept auszubauen.

2. Gründe

Begründet wird diese Forderung vor allem mit folgenden Erwartungen:

- Marketing verspreche ein besseres Verständnis für die Bedürfnisse und Wünsche des Bürgers.
- Marketing trage zu einem flexiblen und differenzierten und damit kundengerechten Leistungsangebot der öffentlichen Hand bei.
- Marketing helfe, eine obrigkeitliche „Schaltermentalität" durch kundennahes Servicedenken zu ersetzen.
- Marketing könne dazu beitragen, öffentlicher Kritik entgegenzuwirken und mehr Unterstützung durch die Öffentlichkeit zu erzielen und
- letztendlich stelle Marketing damit auch eine bessere Erfüllung der gesamtwirtschaftlichen und gesellschaftlichen Aufgaben der öffentlichen Institutionen sicher. (so: Raffée/Fritz/Wiedmann, 1994, S.16-17)

Diesen Vorstellungen liegt die Annahme zugrunde, dass die
⇨ Problemsituation öffentlicher Verwaltungen und Betriebe weitgehend jener privater Unternehmen entspricht.

3. Reformdiskussion im öffentlichen Sektor

Dass die Realität im öffentlichen Sektor anders aussieht, bedarf keiner weiteren Begründung. Dies aber kann und darf nicht bedeuten, dass der öffentliche Bereich nicht von der Privatwirtschaft lernen kann (und muss). Und dass diese Erkenntnis nicht neu ist, zeigt die bundesweit seit den 90er Jahren stattfindende Reformdiskussion in der öffentlichen Verwaltung.

So ist das eigentliche Ziel des als „Neue Steuerung" bzw. „Neues Steuerungsmodell" bekannt gewordenen Reformmodells, Behörden zu öffentlichen Dienstleistungsunternehmen weiterzuentwickeln.

Dies soll nicht zuletzt auch mit Hilfe betriebswirtschaftlicher Instrumente erreicht werden.

Allerdings:
Eine 1:1-Anwendung des betriebswirtschaftlichen Instrumentariums ist **nicht** möglich. Vielmehr gilt es, die spezifischen Gegebenheiten im öffentlichen Sektor zu berücksichtigen.

4. Pro und Contra eines Marketing im öffentlichen Sektor

4.1 Vorbemerkung

Der Kerngedanke eines Marketing im öffentlichen Bereich ist, unternehmerische Ansätze, Aktivitäten und betriebliches Management auf die Kommunalverwaltung zu übertragen.

Eine solche Übertragung des Marketing-Ansatzes auf nicht-kommerzielle Organisationen basiert auf der Annahme, dass die Austauschprozesse auf Absatz- und Beschaffungsmärkten bei kommerziellen und nicht-kommerziellen Organisationen grundsätzlich gleichartig sind (= Analogie-Theorie).

Ähnlich wie kommerzielle Unternehmen verfolgen auch nicht-kommerzielle Organisationen gegenüber ihren Austauschpartnern (Abnehmer, Geldgeber u.a.) Bedarfsdeckungs- und Beeinflussungsziele. Durch den Einsatz des Marketing-Instrumentariums lassen sich diese wesentlich effizienter realisieren (= Effizienz-Theorie).

Der klassische, sehr stark marktbezogene Marketing-Begriff (Beispiel Töpfer von 1990: „Marketing ist die Fähigkeit und Bereitschaft von Wirtschaftsunternehmen, Kundennutzen zu erkennen, zu schaffen und zu kommunizieren und dies schneller als die Wettbewerber") war für den öffentlichen Bereich nur begrenzt geeignet. Zum einen liegt dieser Auffassung von Marketing zu sehr die private Unternehmensperspektive zugrunde – zum anderen ist der Marktbezug zu eng. Die 1992 von Kotler/Bliemel entwickelte Erweiterung des Marketing-Begriffs auf den „Austausch von Gütern" im Sinne von „Gestaltung der Austauschbeziehungen" (Definition: „Marketing ist ein Prozess im Wirtschafts- und Sozialgefüge, durch den Einzelpersonen und Gruppen ihre Bedürfnisse und Wünsche befriedigen, indem sie Produkte und andere Dinge von Wert erzeugen, anbieten und miteinander austauschen") ist für die Non-Profit-Organisationen und damit auch für den öffentlichen Sektor geeigneter.

4.2 Für ein Marketing im öffentlichen Sektor sprechen...
- ✓ Die knapper werdenden öffentlichen Ressourcen (z.B. Finanzen, Grund und Boden) zwingen dazu, sich stärker an den Bedürfnissen der Adressaten öffentlicher Dienstleistungen zu orientieren
- ✓ Öffentliche Einrichtungen und Unternehmen stehen immer stärker im Wettbewerb mit privaten Anbietern (z.B. Hallen- und Freibäder, Saunen, Druckereien, Reinigungsdienste, Ver- und Entsorgungsunternehmen)
- ✓ Verstärkter Wettbewerb zwischen den Städten und Gemeinden um Kunden, Gäste, Besucher, Investoren, Industrie- und Gewerbeansiedlungen
- ✓ Kritischer gewordene Bürger als „Kunden" der Kommunalverwaltung: Gefordert wird ein entsprechender „Mehrwert" für ihre geleisteten Zwangsabgaben (*Value for money*)
- ✓ Die im Zuge der Verwaltungsreform (Stichwort „Neues Steuerungsmodell") festzustellende Tendenz hin zum Einsatz des betriebswirtschaftlichen Know-how
- ✓ Marketing zwingt dazu, den Bürger als Kunden zu betrachten, nicht als „Gewaltunterworfenen" Antrag- und Bittsteller
- ✓ Der Einsatz von Marketing führt dazu, dass die Leistungen effizienter angeboten werden. Effizienzsteigerungen ergeben sich zumeist durch den besseren Auslastungsgrad der angebotenen öffentlichen Leistungen

4.3 Gegen ein Marketing im öffentlichen Sektor sprechen
- ✓ Unterschiedliche Zielsysteme zwischen dem privaten und dem öffentlichen Sektor:
- ✓ Zielinhalt privatwirtschaftlicher Unternehmen: Sicherung der Wettbewerbsfähigkeit und Gewinnerzielung
- ✓ Zielinhalt öffentlicher Organisationen: Gemeinwohlorientierung
- ✓ Öffentliche Institutionen sind relativ unflexibel, wenn es darum geht, ihre Leistungsprogramme veränderten Bedingungen anzupassen.

Gründe: bürokratische Trägheit sowie häufig fehlender Entscheidungsspielraum wegen gesetzlicher Vorgaben.
Da Marketing „ein Kind des Wettbewerbs" ist, fehlt für alle Institutionen, die dem Wettbewerb nicht oder nur beschränkt unterliegen, der unmittelbare Anlass und An-

reiz, Marketing zu betreiben. Dies gilt nicht nur für die Institution, sondern auch für deren Mitarbeiterinnen und Mitarbeiter.

4.4 Marketing im Hoheitsbereich

Marketing geht von einem Marktgeschehen aus, bei dem sich Anbieter und Nachfrager auf freiwilliger Weise begegnen. Dieses „Prinzip der Freiwilligkeit" ist jedoch im hoheitlich-obrigkeitlichen Bereich dann nicht vorhanden, wenn der Bürger zum „Zwangskunden" der öffentlichen Verwaltung wird. Infrage kommen vor allem jene Aufgabenfelder, in denen die Behörde dem Bürger mit „Befehl und Zwang" (= die öffentliche Verwaltung gewissermaßen in „Uniform") gegenübertritt.

Beispiele:
- Erhebung von Steuern, Gebühren und Beiträgen
- Ablehnung von beantragten Leistungen durch den Erlass eines belastenden Verwaltungsaktes
- Maßnahmen (z.B. Platzverweis, Bußgeldbescheid) im Rahmen der Länderpolizeigesetze.

Hier ist es dem betroffenen Bürger kaum glaubhaft zu vermitteln, dass er „Kunde" der Verwaltung ist.

Aber:
Ansätze einer Kundenorientierung sind auch beim hoheitlichen Verwaltungshandeln darin zu erkennen, dass sich die den belastenden Bescheid erlassende Behörde in Form und Stil bemüht, beim Adressaten um Verständnis und Vertrauen für die getroffene Verfügung zu werben. Dazu gehört u.a. eine Begründung, die den Bürger nicht mit Paragraphen und Fachbegriffen „erschlägt" (also juristisch exzellent ist!), sondern ihn nachvollziehen lässt, warum die Entscheidung s o getroffen werden musste. Dies ändert zwar nichts am Ergebnis der Entscheidung, verleiht dem betroffenen „Kunden" aber das Gefühl (und die Gewissheit), mit seinem Anliegen ernst genommen worden zu sein.

Fazit
Eine 1:1-Übertragung der Marketing-Philosophie und des -Instrumentariums auf den öffentlichen Sektor ist weder sinnvoll noch möglich, da es wesentliche Unterschiede in den Rahmenbedingungen für das privatwirtschaftliche (Business Marketing) und das öffentliche Marketing (Non-Business Marketing) gibt.
Überall dort, wo eine Kommune unternehmerisch bzw. quasi-unternehmerisch am Markt auftritt, können diese Tätigkeitsfelder durch den Einsatz des Marketing-Instrumentariums kundenorientierter und effizienter gestaltet werden.
Beim hoheitlich-obrigkeitlichen Verwaltungshandeln ist der Bürger weniger Kunde als eher „Zwangsadressat". Deshalb kann sich hier ein Marketinghandeln weniger in Bezug auf das Ergebnis („Produkt") als vielmehr auf Form und Stil („Bürgernähe, Bürgerfreundlichkeit") der Verwaltungstätigkeit auswirken.

Kapitel III
Übertragbarkeit des Marketing auf Kommunen

1. Vorbemerkung

Schon bisher gab und gibt es in den Städten und Gemeinden (und Landkreisen) die unterschiedlichsten **Einzelmaßnahmen**, eine Art „Marketing im Ansatz". Beispielhaft seien genannt:

- Stadtentwicklungspläne
- Verkehrskonzepte
- Werbe- und Imagekampagnen
- Wirtschaftsförderung
- Tourismus
- kulturelle Aktivitäten
- Stadtjubiläen und -feste sowie
- Bemühungen um eine Corporate Identity.

Aber:

Das, was eine Stadt, Gemeinde oder der Landkreis zu bieten hat, wurde und wird zumeist unkontrolliert, ungeplant und – in vielfältige Einzelaktivitäten zerstückelt – dargeboten.

Zumeist sind es nur wenig aufeinander abgestimmte Aktivitäten von

Einzelhändlern, Vereinen, Parteien, einzelnen Firmen und Unternehmen, Bürgerinitiativen, Werbegemeinschaften sowie Stadt- und Gemeindeverwaltungen.

Es fehlt häufig eine langfristige Strategie und die Abstimmung mit anderen Bereichen in der Kommune.

Kommunale Aktivitäten	
⇩ **Bereiche**	⇩ **Akteure**
♦ Stadt- bzw. Gemeindeentwicklungsplanung ♦ Stadt- bzw. Ortskernsanierung ♦ Verkehrskonzepte ♦ Projekt „Soziale Stadt" ♦ Flächennutzungsplan ♦ Werbe- und Imagekampagnen ♦ Kulturprogramme ♦ Tourismus- und Freizeitangebote ♦ ...	▫ Stadt- oder Gemeindeverwaltung ▫ Einzelhändler ▫ Bund der Selbstständigen ▫ Werbegemeinschaften ▫ Shoppingcenter ▫ Sport- und Kulturvereine ▫ Parteien und Wählervereinigungen ▫ Bürgerinitiativen ▫ ...

Abbildung 3: Kommunale Aktivitäten

Deshalb:

Ein erfolgreiches kommunales Marketing setzt – im Grundsatz – voraus, dass das in der Privatwirtschaft bewährte und wissenschaftlich fundierte Marketing-Instrumentarium praktiziert wird. Dies aber kann und darf nicht heißen, dass dieses erwerbswirtschaftliche Marketing-Modell „ohne weiteres" – also 1:1 – auf die Kommunen übertragbar ist.

Notwendig ist vielmehr ein **Marketing-Konzept**, das den **Besonderheiten** der öffentlichen Aufgabenträger wie Städte, Gemeinden und Landkreise einschließlich der Zweckverbände und in privater Rechtsform geführten gemeinwirtschaftlichen Unternehmen Rechnung trägt. Dabei geht es nicht darum, ein eigenständiges kommunales Marketing-Konzept zu entwickeln. Stattdessen bietet es sich an, das traditionelle (erwerbswirtschaftliche) Marketing-Konzept an die spezifischen Gegebenheiten im kommunalen Bereich anzupassen.

2. Marketing-Management

2.1 Voraussetzung

Ein erfolgreiches Agieren einer Unternehmung (Organisation/Institution) am Markt setzt ein **konzeptionelles,** d.h. ein systematisches und aufeinander abgestimmtes Vorgehen voraus.

Ein Marketing-Management kann dann als vorhanden angesehen werden, wenn eine Unternehmung bzw. eine Organisation/Institution ganz gezielt und systematisch plant, **wie** sie bei ihren vorhandenen und potenziellen Kunden am Markt die gewünschten Reaktionen erreichen kann.

2.2 Begriff

Marketing-Management ist als die Summe aller Führungsaktivitäten zu verstehen, die auf die Gestaltung der Austauschprozesse zwischen den Marktteilnehmern ausgerichtet sind.

2.3 Aufgaben

Das Marketing-Management hat eine Reihe von Aufgaben zu erfüllen, die sich in ein grobes Phasenschema einordnen lassen. Deshalb wird hier auch der Begriff des „Managementprozesses" verwendet.

Der Managementprozess umfasst eine Reihe wichtigster **Aufgabenfelder** (auch Elemente, Bausteine oder Aktivitäten bezeichnet). Sie sind – idealtypisch betrachtet – eine Art ⇨ chronologische Abfolge verschiedener Planungs- und Entscheidungsphasen im Marketing.

Das nachstehende Schaubild soll dies verdeutlichen:

	Schritt ❶ **Definition des Aktionsbereichs**
Frage:	„In welchem Bereich wollen wir marketingmäßig tätig werden?"
Beispiel:	Vermarktung des neuen Hallen- und Kongresszentrums
	⬇
	Schritt ❷ **Situationsanalyse**
Fragen:	„Wo stehen wir derzeit?" (Stärken und Schwächen) und „Wohin geht die Entwicklung?" (Chancen und Risiken)
	⬇
	Schritt ❸ **Zielplanung**
Frage:	„Was wollen wir (konkret) erreichen?"
	⬇
	Schritt ❹ **Strategieplanung**
Frage:	„ Welche grundlegenden Stoßrichtungen wollen wir verfolgen?"
	⬇

Schritt ❺ Gestaltung des Marketing-Mix	
Frage:	„Welche Maßnahmen wollen (müssen) wir zur Zielerreichung ergreifen?"

Schritt ❻ Implementierung	
Fragen:	„Welche organisatorischen Strukturen und Prozesse werden wir installieren?" (= Marketing-Organisation)
	„Wann wird welche Maßnahmen vom wem und wie ausgeführt?" (= Marketing-Realisation)
	„Sind die angestrebten Ziele erreicht worden?" (= Marketing-Kontrolle)

Abbildung 4: Aufgabenfelder des Managements

Diese verschiedenen Aufgabenfelder eines Marketing-Managements stehen in einer engen Wechselbeziehung zueinander. Trotzdem oder gerade deshalb lassen sie sich nur bedingt in das Schema einer klar abgegrenzten Phasenfolge einordnen. Deshalb ist diese vorstehend idealtypisch beschriebene zeitliche Reihenfolge eher die Ausnahme!

Das Kernstück jeder Marketingplanung ist das Marketing-Konzept. Es wird nachstehend näher betrachtet.

3. Marketing-Konzept

3.1 Begriff

Dies ist nach *Becker* (2006, S. 5) ein schlüssiger, ganzheitlicher Handlungsplan („Fahrplan"), der sich

- an angestrebten Zielen („Wunschorten") orientiert,
- für ihre Realisierung geeignete Strategien („Route") festlegt und
- auf ihrer Grundlage die adäquaten Marketing-Instrumente („Beförderungsmittel") bestimmt.

Ein Marketing-Konzept macht danach gut abgestimmte Entscheidungen auf drei konzeptionellen Ebenen notwendig, nämlich auf der Ziel-, Strategie- und Maßnahmen-/Instrumenten-Ebene.

> **Die drei konzeptionellen Ebenen auf einen Blick**
>
> ❏ Die Marketing-Ziele legen angestrebte Positionen („Wunschorte") fest.
> Frage: „Wo wollen wir hin?"
> ❏ Die Marketing-Strategien bestimmen die grundsätzliche Vorgehensweise („Route").
> Frage: „Wie kommen wir dahin?"
> ❏ Die Marketing-Instrumente (-maßnahmen) definieren die einzusetzenden „Handwerkzeuge" („Beförderungsmittel").
> Frage: „Was müssen wir dafür einsetzen?"

Abbildung 5: Drei konzeptionelle Ebenen

3.2 Kommunales Marketing-Konzept

Im Folgenden soll ein solches, die Besonderheiten im stadt-, gemeinde- und kreistypischen Bereich berücksichtigendes kommunales Marketing-Konzept vorgestellt werden. Es will modellhaft die verschiedenen Bausteine erläutern. Selbstverständlich muss dieses Konzept den jeweiligen (örtlichen und sachlichen) Gegebenheiten vor Ort angepasst werden.

Grundlage soll das unter Nr. 2.3 beschriebene Schaubild sein mit den Bausteinen Definition des Aktionsbereichs – Situationsanalyse – Zielplanung – Strategieplanung – Gestaltung des Marketing-Mix und Implementierung. Sie werden im Folgenden näher beschrieben und mit Beispielen veranschaulicht.

3.3 Definition des Aktionsbereichs
3.3.1 Bedeutung

Hier geht es darum, zu entscheiden, in welchen Bereichen sich die Kommune „marketingmäßig" betätigen will. Ausgehend von dem amerikanischen Begriff „Marketing", der in der Übersetzung „auf den Markt bringen" heißt, muss zunächst geprüft werden, ob überhaupt ein „Markt" im Sinne des Marketing vorliegt. Ein Markt wird als ein Ort verstanden, an dem Anbieter und Nachfrager von Produkten zusammentreffen.

3.3.2 Anwendungsbeispiele

In den Städten, Gemeinden und Landkreisen besteht eine ganze Anzahl solcher „Markt-Situationen", also Gegebenheiten des Wettbewerbs, in denen etwa die Gemeinde A mit den Gemeinden B, C und D oder mit privaten Dritten in Konkurrenz steht.

Nachstehend sollen beispielhaft einige solcher „kommunaler Märkte" skizziert werden:
- ✓ Kommune als Standort von öffentlichen Einrichtungen wie etwa Hallen- und Freibäder, Märkte, Messen, Veranstaltungs- und Kongresszentren, Theater, Sportstätten, Museen, Volkshochschulen, Krankenhäuser, Alten- und Pflegeheime
- ✓ Kommune als Standort für Gewerbe und Industrie
- ✓ Kommune als Einkaufsstandort
- ✓ Kommune als Ort des Wohnens
- ✓ Kommune als Standort für Tourismus einschließlich Freizeit- und Erholungsstätten.

Kommunale „Märkte"				
Die Stadt bzw. Gemeinde als				
⇩	⇩	⇩	⇩	⇩
Standort für öffentliche Einrichtungen	Standort für Gewerbe, Industrie, Arbeitsplätze	Einkaufsstandort	Ort des Wohnens	Standort für Tourismus, Freizeit, Kultur

Abbildung 6: Kommunale „Märkte"

Die Bestimmung des Aktionsbereichs bzw. Tätigkeitsfeldes ist im Marketing eine wichtige Grundsatzentscheidung. Oder anders ausgedrückt: Die Kommune muss sich darüber klar werden, welchen Bereich sie künftig „marketingmäßig beackern" will.

Beispiel: Nicht zuletzt wegen der wachsenden Konkurrenz in den umliegenden Städten steht die Stadt A vor der Frage, ihr vorhandenes, in die Jahre gekommenes Freibad zu modernisieren. Das Thema „Vermarktung" hat bereits bei den Ausbauplänen eine wichtige Rolle zu spielen. Nachstehend einige Fragen:
- Wie wollen wir unser „neues" Freibad im Markt positionieren?
- Worin soll es sich von anderen Freibädern unterscheiden?
- Was (= welche Produkte) wollen wir künftig anbieten?
- Welche neuen Zielgruppen wollen wir ansprechen und wie werden wir diese erreichen?

All das aber sind typische Marketing-Fragen! (Hinweis auf Kapitel VI „Fallbeispiel Freibad S."

3.4 Situationsanalyse (andere Begriffe „Marketingforschung", „Absatzforschung")

3.4.1 Begriff und Bedeutung

Am Beginn jedes konzeptionellen Marketing steht eine sorgfältige und gründliche **Analyse** der Marketing-Situation. Dies ist eine Definition der „Ist-Position" des Unternehmens im Umfeld des Marktes und des Wettbewerbs.

Zweck ist die Feststellung der Ausgangslage in Bezug auf den Aktionsbereich (Beschreibung des „Ist-Zustandes" bzw. eines „Ist-Profils"). *Wer sind wir?* bzw. *So ist es!*

Es soll damit ermittelt werden

 ⇨ welche STÄRKEN und SCHWÄCHEN und

 ⇨ welche CHANCEN und RISIKEN bestehen in diesem Aktionsbereich für die Kommune.

3.4.2 SWOT-Analyse

Als strategisches Analyseinstrument hat sich vor allem die SWOT-Analyse bewährt. Für deren Umsetzung bietet sich die **„Zwei-Schritt-Methode"** an. (Ausführliche Beschreibung in Kapitel V „Stadt-, City- und Kommunalmarketing")

3.4.3 Marktforschung

Gewissermaßen der „Stoff", aus dem die Situationsanalyse gemacht wird, sind die **Informationen**. Sie werden mit den Mitteln der Marketingforschung gewonnen. Beschafft wird internes und externes Datenmaterial.

Bekannt geworden ist die Gewinnung von externen und internen Markt- und Umfeldinformationen unter dem Begriff „Marktforschung".

Marktforschung = die systematische Gewinnung, Aufbereitung und Interpretation von Informationen über Absatz- und Beschaffungsmärkte als Grundlage der Marketingplanung.

Auch wenn die Marktforschung kein Allheilmittel ist, so liefert sie doch nützliche Informationen aus dem Markt und hilft damit Entscheidungen sicherer zu machen. (Wegen weiterer Einzelheiten zum Thema „Marktforschung" wird auf das im gleichen Verlag *Wissenschaft & Praxis* erschienene Buch „Marketing kompakt" von Kirsch/Müllerschön, 5.A., S. 64 ff verwiesen).

3.5 Zielplanung

3.5.1 Begriff und Bedeutung

Hier geht es letztendlich um die Frage „Was wollen wir?"

 ⇨ Ziel = ein angestrebter, in der Zukunft liegender Zustand.

Die Marketingziele werden aus den Unternehmenszielen (hier: den Schwerpunktzielen der Kommune) entwickelt. Beeinflusst werden sie auch vom Unternehmenszweck („Mission") als dem eigentlichen Auftrag bzw. der zu erfüllenden Aufgabe sowie der Unternehmenskultur und der Unternehmensphilosophie.

(Hinweis: Die Begriffe „Unternehmenskultur" und „Unternehmensphilosophie" sind ausführlich in Kapitel I erläutert!)

3.5.2 Corporate Identity

Eine wichtige Rolle im Rahmen der Zielplanung spielt die **Corporate Identity (CI)**. Sie soll – wörtlich übersetzt – die Identität des Unternehmens zum Ausdruck bringen, also die geplante Selbstdarstellung des Unternehmens nach innen und nach außen vermitteln.

Als Gestaltungselemente (Identitätsmix) stehen zur Verfügung:

✓ Unternehmens-Verhalten (Corporate Behavior)
  = Das Verhalten des Unternehmens nach innen (gegenüber den Mitarbeitern) und nach außen (gegenüber den Kunden, Lieferanten usw.)

✓ Unternehmens-Kommunikation (Corporate Communications)
  = Dazu gehören die Öffentlichkeitsarbeit, Werbung, Imagekampagnen, Korrespondenz des Unternehmens

✓ Unternehmens-Erscheinungsbild (Corporate Design)
  = Dazu gehören die Gestaltung der Gebäude und Räumlichkeiten ebenso wie das optische Erscheinungsbild der Mitarbeiterinnen und Mitarbeiter sowie ein etwaiges Logo

Bei den Wirkungen der CI wird unterschieden zwischen

✓ Unternehmens-**internen** Folgen

Durch die Vermittlung eines „Wir-Gefühls" entstehen mehr Identifikation und Motivation der Beschäftigten. Daraus resultiert ein effektiveres und effizienteres Arbeiten.

✓ Unternehmens-**externen** Folgen

Damit kann sich das Unternehmen gegenüber dem Wettbewerb abheben, also im Markt erfolgreich positionieren. Aus einem solchen (positiven) Image als Ergebnis der CI ergibt sich ein wichtiger Beitrag zum Unternehmenserfolg beispielsweise in der Form von Umsatz- und Renditezuwächsen. Auch wenn empirische Untersuchungen einen solchen Zusammenhang erbracht haben, eine seriöse Quantifizierung des CI-Beitrags zum Unternehmenserfolg ist nicht möglich.

Im kommunalen Sektor – wie übrigens auch nach wie vor in weiten Teilen der Privatwirtschaft – sind solche CI-Konzepte bisher nur ansatzweise vorhanden. Am weitesten entwickelt ist das Gestaltungselement „Corporate Design", insbesondere in der Form einer Briefkopf- und Logogestaltung. Der Weg zu einem durchgängigen, in sich schlüssigen Corporate-Identity-Konzept ist also zumeist noch ein recht weiter!

3.5.3 Leitbild

Demgegenüber sind **Leitbilder** heute in sehr vielen erwerbswirtschaftlichen Unternehmen und mit steigender Tendenz auch in kommunalen Verwaltungen und Betrieben vorhanden.

In der Praxis werden die unterschiedlichsten Begriffe verwendet wie z.b. Grundsätze, Verfassungen, Philosophien, Missionen usw. Leitbilder werden häufig auch als das „Grundgesetz" oder die „Zehn Gebote" einer (öffentlichen oder privaten) Institution bezeichnet.

Leitbilder

- enthalten die langfristigen Ziele einer Organisation und formulieren Richtlinien für das Verhalten der Organisation bzw. das Verhalten der einzelnen Organisationsmitglieder,
- markieren für die Organisation und ihr Mitglieder einen gemeinsamen Orientierungsrahmen, der verbindlich sein sollte,
- haben allerdings keinen Gesetzescharakter und sind daher nicht einklagbar, wohl aber unter Umständen sanktionierbar.

Dass die in dem Leitbild enthaltenen Richtlinien eingehalten werden, beruht vielmehr auf *Freiwilligkeit* und *Überzeugung*.

In ihrem Leitbild legt also eine Organisation schriftlich und verbindlich fest
- wer sie sein will
- was sie (sein und erreichen) will
- wie sich ihre Mitglieder verhalten (sollen) und
- wie sie gesehen werden will.

Leitbilder haben vor allem die folgenden Funktionen:

⇨ Identifikationsfunktion	(Entstehung eines „Wir-Gefühls")
⇨ Motivationsfunktion	(Anregung zum „Mitmachen")
⇨ Integrationsfunktion	(Zusammenfassung divergierender Meinungen)
⇨ Legitimationsfunktion	(Begründung und Rechtfertigung des Organisationshandelns)
⇨ Orientierungsfunktion	(Formulierung der unverzichtbaren Zielvorgabe)
⇨ Transparenzfunktion	(Durchschaubarmachung des Organisationshandelns).

Ein Leitbild kann weder „von Amts wegen verordnet" noch den Beschäftigten von oben übergestülpt werden. Es muss von ihnen akzeptiert und ernst genommen, also „gelebt" werden. Deshalb müssen die Mitarbeiterinnen und Mitarbeiter von Anfang an am partizipativen Prozess der Leitbilderstellung mitwirken.

Zehn „Stolpersteine"
der Leitbildentwicklung

❶ Einseitiger Versuch der Verwaltungs- bzw. Unternehmensspitze, Grundsätze „von oben" zu verordnen.
❷ Keine bzw. nur unzureichende Beteiligung der Mitarbeiterinnen und Mitarbeiter.
❸ Verwaltungs- bzw. Unternehmensspitze nimmt Grundsätze „für sich selbst" nicht ernst.
❹ Organisatorische Mängel bei der Einführung des Leitbildes.
❺ Verzicht auf empirische Erhebungen (z.B. Umfragen) bei der Einführung.
❻ Zu allgemeine, inhaltsleere oder nichts sagende Formulierungen im Leitbild.
❼ Leitbild wird nach innen und nach außen schlecht „verkauft".
❽ Im Vorfeld der Leitbilderstellung zu wenig Information für „Betroffene".
❾ Leitbild macht Aussagen und Versprechungen, an deren Realisierung niemand glaubt
❿ Beim Leitbild werden Tradition und Kultur „des Hauses" zu wenig berücksichtigt.

Abbildung 7: Zehn „Stolpersteine" der Leitbildentwicklung
(in Anlehnung an Bleicher, 1994)

3.5.4 Einzelne Marketing-Ziele

Üblicherweise werden die Marketingziele eingeteilt in

⇨ mark**tökonomische** und mark**tpsychologische** Ziele.

Marktökonomische Ziele (quantitative Ziele)

Dies sind quantitative, materielle Größen; sie knüpfen an konkrete Leistungsübergangsprozesse (Absatz bzw. Verkauf) und damit an unmittelbar zu registrierende Marktergebnisse an. Sie können in Geld- oder Mengeneinheiten näher definiert werden.

Beispiele: Umsatz-, Gewinn-, Wachstums- und Kostenziele

Marktpsychologische Ziele (qualitative Ziele)

Dies sind qualitative, ideelle Größen; sie beziehen sich auf die geistigen Verarbeitungsprozesse der Käufer selbst. Häufig sind sie nicht quantifizierbar und lassen sich eher verbal umschreiben als in Zahlen ausdrücken,

Beispiele: Bekanntheitsgrad, Image, Vertrauen, Qualität, Zuverlässigkeit, Kundenzufriedenheit

Hinweis: Die – wesentlichen – Ziele sind zumeist Bestandteil des unternehmerischen Leitbildes.

3.6 Strategieplanung

3.6.1 Begriff und Bedeutung

Strategien sind längerfristig wirkende Grundsatzregelungen im Sinne von Steuerungsmitteln. Sie legen den Weg (die „Route") fest, wie die Marketing-Ziele erreicht werden sollen. Zugleich sind sie Orientierungsrahmen für den Einsatz der Marketing-Maßnahmen.

Die Marketing-Strategien enthalten Aussagen über

✓ die **Auswahl** der Märkte

Die Marktabgrenzung kann *sachlich* (bezogen auf Anbieter, Produkte, Nachfrager und Bedürfnisse), *räumlich-örtlich* (Aktivitäten nur in der Gemeinde oder auch in benachbarten Kommunen) und *zeitlich* (Ganzjahres- oder nur Saison-Tourismus) sein.

✓ die Art und Weise der **Marktbearbeitung**

Marktbearbeitung ist die systematische Pflege vor allem der Absatzmärkte. Hierzu werden alle Marketing-Instrumente eingesetzt. Die Marktbearbeitung dient sowohl der Markterschließung und der Marktentwicklung als auch der Marktdurchdringung und Marktausschöpfung.

Der Unterschied zwischen Marketing-Strategien und Marketing-Maßnahmen zeigt sich vor allem in der zeitlichen Dimension:

✓ Marketingstrategische Entscheidungen wirken **mittel- und langfristig**; sie sind deshalb zumeist nur schwer korrigierbar.

✓ Entscheidungen im Bereich der Marketing-Maßnahmen wirken **kurzfristig**; da sie den laufenden (operativen) Betrieb betreffen; sie sind relativ leicht korrigierbar.

3.6.2 Arten

Es gibt eine Vielzahl von Strategien. Im Folgenden sollen mit Becker (2006, S. 147) vier Basisstrategien unterschieden und – aus „kommunaler Sicht" – näher erläutert – werden:

Marktfeld-Strategie

Sie legt die strategische Stoßrichtung in Bezug auf alternative Produkt/Markt-Kombinationen fest.

Sie soll also die Frage beantworten:

Mit welchen Produkten wollen wir auf welchen Märkten tätig werden?

Beispiel: Familienbaugeld (= neues Produkt) der Stadt A für junge Familien (= neuer Markt)

Im Zeichen des demografischen Wandels und dem daraus resultierenden „Wettlauf um junge Einwohner" kommt dieser – schon vielerorts praktizierten – Strategie eine wachsende Bedeutung zu.

Marktstimulierungs-Strategie

Hier geht es vor allem um die Art und Weise der Marktbeeinflussung (Stimulierung) Strategische Basisoptionen sind der *Preis-* oder *Qualitätswettbewerb*.

Sie soll also die Frage beantworten:

Wollen wir mit Qualität und/oder einem (attraktiven) Preis den Markt beeinflussen?

Es gibt also zwei grundlegende Mechanismen der Marktbeeinflussung, nämlich den

- ✓ **klassischen Preiswettbewerb**

  (er setzt auf die alleinige Wirksamkeit eines möglichst niedrigen Preises als Lenkungsmittel)

- ✓ **Qualitätswettbewerb**

  (im Vordergrund steht hier nicht der Preis, sondern die von einem Produkt ausgehenden Zusatzleistungen, die nicht-preislicher Art sind wie z.B. Image, Bekanntheitsgrad)

Für die Unternehmen – dies gilt auch für die Kommunen – können deshalb zwei grundlegende Strategiemuster zur Beeinflussung von Märkten unterschieden werden:

- ✓ **Präferenz-Strategie**

  Präferenzen bedeuten Vorzugsstellungen in den Köpfen (der Psyche) der Abnehmer. Dies bedeutet: Der Preis verliert bei der Kaufentscheidung des Abnehmers erheblich an Bedeutung, was bedeutet, dass dieser hohe Preise „klaglos hinnimmt, wenn die Qualität stimmt".

  Die Präferenz-Strategie ist ein *Hochpreis-* bzw. *Markenartikel-Konzept*.

  Beispiel: Die Stadt A plant ein neues Gewerbegebiet, für das sie – mit Rücksicht auf angrenzende Wohngebiete – nur umweltfreundliche, insbesondere High-Tech-Unternehmen ansiedeln will. Die „gesunde Luft" rechtfertigt nach Ansicht der Kommunalpolitik entsprechend hohe Grundstückspreise.

✓ **Preis-Mengen-Strategie**

Hier steht der niedrige Preis im Mittelpunkt der Marketing-Maßnahmen. Die Produktqualität ist durchschnittlich angelegt. Zielgruppe sind so genannte „Preiskäufer", die in erster Linie durch den Preis angesprochen werden.

Die Preis-Mengen-Strategie ist ein *Niedrigpreis-* bzw. *Discount-Konzept*.

Beispiel: Die Stadt B will ihr etwas verkehrsungünstig gelegenes neues Gewerbegebiet durch einen besonders niedrigen Grundstückspreis möglichst rasch veräußern. Der günstige Preis soll auch Betriebe anlocken, die ansonsten kein Kaufinteresse hätten.

Marktparzellierungs-Strategie

Hier geht es um die Art und Weise der **Differenzierung** bzw. Abdeckung des Marktes, in dem eine Kommune tätig werden will. Damit wird zugleich auch über die Zielgruppen entschieden, auf die sich die Kommune konzentrieren will.

Sie soll also die Frage beantworten:

Wollen wir uns auf einem Massenmarkt oder einem Segmentierungsmarkt betätigen?

Im Vordergrund stehen deshalb die beiden Strategieansätze

✓ **Massenmarkt**-Strategie

Kennzeichen ist das *Standardprodukt*, mit dem die gemeinsamen Bedürfnisse und Verhaltensweisen der unterschiedlichen Zielgruppen angesprochen werden sollen.

Beispielsweise bietet die Gemeinde A ihrer Einwohnerschaft das Standardprodukt „Freibad" an, mit dem jungen und älteren Menschen sportliche Betätigung wie auch Ruhe und Erholung ermöglicht wird.

✓ **Marktsegmentierungs**-Strategie

Die Grundidee ist: Die Einwohnerschaft einer Kommune wird nicht als eine mehr oder weniger undifferenzierte Einheit betrachtet. Stattdessen soll sie im Hinblick auf ihre Bedürfnisse, soziodemographischen und psychographischen Merkmale sowie ihre finanziellen Mittel in einzelne Gruppen (Segmente, Cluster) in der Form von Teilmärkten unterteilt werden.

Käufergruppen mit unterschiedlichen Bedürfnissen u.a. werden identifiziert und mit ganz speziell zu ihnen passenden Produkten bedient. Jeder Teilmarkt soll in sich möglichst ähnlich (homogen) und im Vergleich zu anderen Marktsegmenten möglichst unähnlich (heterogen) sein.

Für die Kommunen bedeutet dies, dass sie beispielsweise im Rahmen ihrer kulturellen Gesamtangebote verschiedene Teilmärkte (z.B. für junge Menschen, Theater-, Konzert- oder Opernliebhaber) identifiziert und mit auf ihre Wünsche zugeschnittenen Programmen anspricht.

Marktareal-Strategie

Hier geht es um den geografischen Markt- bzw. Absatzraum einer Kommune. Oder anders ausgedrückt: Soll beispielsweise eine Stadt oder Gemeinde ihre Aktivitäten auf das eigene Gebiet (= örtlicher Wirkungskreis) beschränken oder soll sie auch darüber hinaus tätig werden?

Sie soll also die Frage beantworten:

Wollen wir eine gemeindeinterne und/oder gemeindeexterne Absatzpolitik betreiben?

Im Gegensatz zur Wirtschaft sind hier den Landkreisen, Städten und Gemeinden rechtliche Grenzen durch den Art. 28 GG (*kommunales Selbstverwaltungsrecht*) und die länderspezifischen Kommunalgesetze (Landkreis- und Gemeindeordnungen) gesetzt.

Hier ist letztendlich im Einzelfall zu prüfen, inwieweit ein den örtlichen Wirkungskreis übergreifendes Handeln mit den gesetzlichen Rahmenbedingungen zu vereinbaren ist. Unproblematisch sind solche „überörtlichen Aktivitäten" immer dann, wenn dies im Wege der interkommunalen Zusammenarbeit geschieht. So betreibt beispielsweise die Gemeinde A für die Nachbargemeinden B, C und D verschiedene öffentliche Einrichtungen (z.B. Wasserversorgung, Abwasserbeseitigung, Volkshochschule). Dies gilt auch für die Aktivitäten der Stadtwerke, die beispielsweise benachbarte Gemeinden mit Energie versorgen.

Zum Problem können solche externen Aktivitäten dann werden, wenn beispielsweise die Stadt A in der Nachbarstadt B wohnende Schüler für ihr Gymnasium abwerben will und dadurch möglicherweise den Fortbestand des Gymnasiums in B gefährdet.

3.7 Gestaltung des Marketing-Mix
3.7.1 Begriff und Bedeutung

Dies sind die „Werkzeuge", mit denen ein Unternehmen den Markt operativ gestalten kann. Man versteht darunter also operative Mittel, mit denen ein Unternehmen im Sinne seiner Ziele und Strategien auf den Markt aktiv einwirkt.

Sie werden oftmals auch als ⊃ Marketing-Maßnahmen bezeichnet.

Während also Ziele und Strategien das „ziel-strategisch Gewollte" zum Ausdruck bringen, sollen die Marketing-Instrumente dieses realisieren, also operativ umsetzen.

3.7.2. Arten

Die Marketingliteratur „wimmelt" geradezu von Klassifizierungsansätzen. Die folgenden Ausführungen basieren auf der weit verbreiteten

⇨ Vierer-Systematik

mit den Instrumenten *„Produkt-, Preis-, Kommunikations-* und *Distributions*-Politik".

Sie entspricht den vier P's der amerikanischen Marketingliteratur, nämlich

⇨ „**p**roduct – **p**rice – **p**romotion – **p**lace".

Sie werden im Nachfolgenden kurz erläutert und dann soll ihre Bedeutung für und ihre Übertragbarkeit auf den kommunalen Sektor untersucht werden.

Marketing-Instrumente	
O *Produkt*-Politik	⊃ Was wollen wir bieten?
O *Preis*-Politik	⊃ Wie viel soll es kosten?
O *Kommunikations*-Politik	⊃ Wie sagen wir es dem Kunden?
O *Distributions*-Politik	⊃ Wie kommt das Produkt zum Kunden?

Abbildung 8: Marketing-Instrumente

3.7.3. Produktpolitik

Inhalt

Sie wird oft als das „Herzstück" des Marketing bezeichnet. Dazu gehören alle Tätigkeiten, mit denen die einzelnen Erzeugnisse oder das gesamte Absatzprogramm gestaltet werden.

Ein Produkt im Sinne dieses Instrumentes kann nicht nur ein materielles Objekt (z.B. Neubau einer Straße), sondern auch eine (immaterielle) Dienstleistung (z.b. das von der Volkshochschule veranstaltete Seminar „Umgang mit dem Internet") sein.

Umfang

Die Produktpolitik beinhaltet alle Entscheidungen über

- das Produkt selbst (insbesondere Produktbeschaffenheit, -verpackung und Markenbildung) und
- den Produktmix mit dem Ziel der Gestaltung von Sortiment und Programm. Dazu gehören im Einzelnen
- die Entwicklung neuer Produkte (= Produktinnovation)
- die Weiterentwicklung vorhandener Produkte (= Produktmodifikation)
- die Einstellung von Produkten (= Produktelimination)
- die Aufnahme neuer Produktlinien (= Produktdiversifikation).

Produktpolitik im kommunalen Sektor

✓ **Forderungen**
- Sie muss unter größtmöglicher Berücksichtigung der Bedürfnisse und Wünsche der infrage kommenden Zielgruppen gestaltet werden.
- Das Leistungsangebot muss ständig an die sich wandelnden Kundenbedürfnisse angepasst werden.

✓ **Übertragbarkeit**
- auf die öffentliche Verwaltung

  Die erwerbswirtschaftliche Produktpolitik ist nur bedingt auf die Kommunalverwaltung übertragbar. Dies gilt insbesondere für die weisungsfreien und weisungsgebundenen Pflichtaufgaben, bei denen der Gesetzgeber die zu erbringenden Leistungen („Produkte") vorgegeben hat.

  Eine – zumindest in den Ansätzen – eigenständige Produktpolitik ist deshalb nur bei den freiwilligen Aufgaben vorstellbar. Die eingeschränkten finanziellen Möglichkeiten führen hier jedoch tendenziell eher zu einer Reduzierung der Angebote (= Produktelimination) als zu einer Erweiterung der Produktpalette im Sinne einer Produktinnovation.

- auf die öffentlichen Betriebe

  Soweit diese z.B. Betreiber von öffentlichen Einrichtungen sind, zwingt sie häufig der „Markt" dazu, durch neue Produkte die Attraktivität ihres Leistungsprogramms zu erhöhen (z.B. das neue Produkt „Aquajogging" im städtischen Hallenbad).

3.7.4 Preispolitik

Inhalt

Hier geht es um die Festlegung der von den (potenziellen) Abnehmern eines Produktes zu erbringenden Gegenleistung. Preispolitische Entscheidungen sind

die erstmalige Preisbestimmung, Preisänderungen, die Wahl der Preisstrategien und die Gestaltung der Konditionen (z.B. Zahlungszeitpunkt).

Der **Preis** ist der Geldbetrag, der für eine Ware oder Dienstleistung gefordert wird bzw. zu entrichten ist, d.h. die Gegenleistung. Deshalb wird die Preispolitik auch als „Entgelts- oder Gegenleistungspolitik" bezeichnet.

Die Preispolitik gilt als ein sehr wirkungsvolles Marketinginstrument.

Entgelthöhe

Bei der Festlegung der Entgelthöhe gibt es vor allem **zwei Ansätze**:

✓ Kostenorientierte Preisfindung

Sie verlangt, dass das geforderte Entgelt die Voll- oder zumindest bestimmte Teilkosten decken soll.

✓ Marktorientierte Preisfindung

Hier richtet sich die Preisbestimmung nach den Gegebenheiten am Markt, insbesondere nach

- dem Preisbewusstsein der Nachfrager und
- dem Preisverhalten der Mitbewerber.

Preisstrategien

Im Rahmen der Preisstrategien werden

⇨ langfristige Leitlinien der Preispolitik festgelegt.

Solche preisstrategischen Entscheidungen können sich beziehen auf die

✓ Preisdifferenzierung

Darunter versteht man die Festlegung **unterschiedlicher Preise** für unterschiedliche Regionen, Nutzungszeitpunkte, Verwendungszwecke, Absatzmengen und/ oder Absatzgruppen.

✓ Preisvariation

Dies bedeutet die systematische **Anpassung** des Preises im Zeitablauf nach oben oder nach unten.

✓ Wahl der Preislage

dies ist im Sinne einer dauerhaften Hochpreisstrategie oder Niederpreisstrategie zu verstehen.

✓ Preisführer- oder Preisfolgerstrategie

Damit ist vor allem der **konkurrenzbezogene Zeitpunkt** von Preisänderungen angesprochen.

✓ Preispolitischer bzw. kalkulatorischer Ausgleich

Dies ist eine Strategie der systematischen **Kombination** von ergebnisstarker und ergebnisschwacher Leistungen zur Optimierung der Preispolitik im gesamten Angebotsprogramm.

Preispolitik im kommunalen Sektor

Forderungen

Festsetzung von Preisen und Zahlungsmodalitäten, die Rücksicht nehmen auf

- die wirtschaftlichen Kräfte der Kunden (z.B. § 78 Abs. 2 bawü Gemeindeordnung)
- die Wettbewerbsfähigkeit des örtlichen Handels, Handwerks, Gewerbes und der Industrie

- die Konkurrenzfähigkeit der Gemeinde im Wettbewerb mit anderen Kommunen.

Übertragbarkeit

✓ **auf die öffentliche Verwaltung**

Zahlreiche Entgelte, die die Gemeinde erhebt (z.B. Gebühren für Reisepässe, Personalausweise, Baugenehmigungen), sind durch „Vorgaben von oben" in Form von Gesetzen, Verordnungen u.a. festgesetzt. Des Weiteren gibt es beispielsweise Obergrenzen bei Benutzungsgebühren (Hinweis auf § 14 des bawü Kommunalabgabengesetzes). Schließlich werden auch aus sozialen Gründen „politische Preise" (z.B. die Kindergartengebühren, Entgelte bei Volkshochschulen) verlangt.

Dies bedeutet: Die „klassische Preispolitik" spielt als Marketinginstrument in der eigentlichen Kommunalverwaltung, also bei den städtischen und gemeindlichen Ämtern, nur eine untergeordnete Rolle.

✓ **die öffentlichen Betriebe**

Mehr Freiräume in der Preispolitik bestehen z.B. bei den Stadtwerken etwa im Bereich der Energieversorgung, des ÖPNV wie auch der Bäderverwaltung, wobei sich gerade bei den Hallen- und Freibädern interessante Möglichkeiten anbieten (z.B. Familienpässe, Bad-Bus-Kombikarte, Abendtarife für Berufstätige).

3.7.5 Kommunikationspolitik

Inhalt

Aufgabe der Kommunikationspolitik ist es, über das Vorhandensein und den Nutzen des Produktes zu informieren und zum Kauf bzw. zur Benutzung anzuregen.

Hierzu zählen sämtliche Maßnahmen, die darauf ausgerichtet sind,

⇨ die Kenntnisse, Einstellungen und Verhaltensweisen der Marktteilnehmer gegenüber den Unternehmensleistungen zu beeinflussen.

Sie wird deshalb auch als das „Sprachrohr" des Marketing bezeichnet.

Instrumente

Hier kann man unterscheiden zwischen den

✓ **klassischen Instrumenten**

Werbung – Verkaufsförderung – Öffentlichkeitsarbeit (PR) – persönlicher Verkauf

- **Werbung**

  die verkaufspolitischen Zwecken dienende, absichtliche und zwangfreie Einwirkung auf Menschen mittels spezieller Kommunikationsmittel (Behrens, 1963, S. 14)

- **Verkaufsförderung**
  Sie dient der Unterstützung, Information und Förderung der eigenen Absatzorgane wie z.B. Außendienst, Verkäufer in Innendienst. Mittel sind u.a. Preisausschreiben, Preisnachlässe, Gutscheine, Verkäuferschulung.
- **Öffentlichkeitsarbeit** (identisch mit PR)
  das bewusste, geplante und dauernde Bemühen um gegenseitiges Verständnis und Vertrauen. Während die Werbung jeweils ein bestimmtes Produkt meint und „anpreist", will die Öffentlichkeitsarbeit die Institution (Unternehmen, Verwaltung) als Ganzes herausstellen bzw. in einem „guten Licht" erscheinen lassen.
- **Persönlicher Verkauf**
  Er hat vor allem Bedeutung für besonders erklärungsbedürftige Produkte (z.B. Investitionsgüter)

✓ **modernen** Instrumenten
  Direktmarketing – Product Placement – Sponsoring – Events – Merchandising
- **Direktmarketing**
  Dazu gehören Maßnahmen, die den Empfänger gezielt ansprechen, indem sie ihm die Werbebotschaft in Form eines selbstständigen Werbemittels direkt und nicht mit Hilfe eines anderen Mediums übermitteln wie z.B. Mailing, Newsletter, Telefonate.
- **Internet**
  Das Internet ist heute neben Zeitungen, Zeitschriften und Fernsehen das visuelle Medium schlechthin.
- **Product Placement**
  Dies ist die geplante Platzierung von Marketingobjekten in einem zum Objekt passenden Umfeld (auch „Schleichwerbung" genannt) z.B.: Markenprodukte in Film und Fernsehen.
- **Sponsoring**
  Hier stellt der Sponsor dem Gesponserten Geld oder Sachmittel zur Verfügung. Dafür erhält er eine Gegenleistung, die zur Erreichung insbesondere der marktpsychologischen Marketingziele wie etwa Erhöhung des Bekanntheitsgrades beitragen soll.
- **Events**
  Dies sind besondere Ereignisse, die zur erlebnisorientierten Darstellung eines Produktes oder eines Unternehmens beitragen sollen. z.B.: Veranstaltungen zum tausendjährigen Stadtjubiläum.

Solche Events sind kein Ersatz für klassische Werbung und PR. Sie sind komplementäre Elemente in der Kommunikationspolitik.

- **Merchandising**
  Dies umfasst den Verkauf von Produkten mit einem Symbol des werbetreibenden Unternehmens. z.B.: Fanartikel für eine Fußballmannschaft.

Kommunikationspolitik im kommunalen Sektor

✓ **Forderungen**

- Bestmögliche Bekanntgabe der Leistungsprogramme, also was die Kommune zu bieten hat
- Bessere Herausstellung im Sinne eines „Verkaufens" des Nutzens öffentlicher Leistungen („Tue Gutes und rede darüber!")
- Wichtig: Eine zielgruppenspezifische Ansprache durch Direktwerbemaßnahmen
- Ständige „Pflege der Kunden" durch Aktionen wie „Tag der offenen Tür", regelmäßige Kontakte mit Großkunden wie etwa Wirtschaftsstammtische, Firmenbesuche und Vor-Ort-Aktionen bei Gewerbeschauen, Messen, Stadtfesten u.a.

✓ **Übertragbarkeit**

- **auf die öffentliche Verwaltung**
  Hier wird in vielen Städten und Gemeinden schon bisher eine professionelle Kommunikationspolitik in der Form einer aktiven Öffentlichkeitsarbeit betrieben. Noch aber sind hier nicht alle Potenziale ausgeschöpft. Aber selbstverständlich gilt auch hier die Erfahrung: Eine gute Öffentlichkeitsarbeit hat ihren Preis – wer jedoch gar keine oder eine weniger gute Öffentlichkeitsarbeit macht, der zahlt dafür möglicherweise einen sehr viel höheren Preis, indem sich nämlich sein Image nach innen (gegenüber der Einwohnerschaft und den örtlichen Akteuren) und nach außen (gegenüber möglichen Investoren, ansiedlungs(un)willigen Unternehmen, Besuchern, Einkaufswilligen) auf Dauer entscheidend verschlechtert!

- **auf die öffentlichen Betriebe**
  Das zur kommunalen Verwaltung Gesagte lässt sich weitgehend auch auf die öffentlichen Betriebe übertragen. Nicht nur im Bereich der Energieversorgung, auch etwa bei den Bädern, besteht inzwischen ein harter Wettbewerb. Eine offensive Kommunikationspolitik ist deshalb unverzichtbar.

3.7.6 Distributionspolitik

✓ **Inhalt**

Hier geht es darum, das Produkt eines Unternehmens dem Kunden an bestimmten Orten, zu bestimmten Zeiten, in der gewünschten Qualität und in den erforderlichen Mengen verfügbar zu machen und damit für eine „angemessene Präsenz" der Unternehmensleistungen am Markt zu sorgen.

Oder vereinfacht ausgedrückt: Die Distributionspolitik bezieht sich auf alle Entscheidungen und Handlungen eines „Produzenten", die mit dem WEG seiner Produkte bis zum Endkäufer in Verbindung stehen.

Sie wird oft auch als die „Pipeline" des Marketing charakterisiert.

✓ **Basisinstrumente**

Um die Verfügbarkeit der angebotenen Leistung am Markt zu gewährleisten, bieten sich vor allem drei Basisinstrumente an:

- **Absatzwege**
  Hier geht es um die grundsätzliche Frage: „Wie muss der Weg der Produkte (Leistungen) vom Hersteller zum Kunden gestaltet werden?"

- **Absatzorganisation**
  Die Grundsatzfrage lautet hier: „Wie wird für den Absatz (Verkauf) der Kontakt zu den Kunden hergestellt?" Es geht hier um den Aufbau und die Steuerung der Absatz- oder Vertriebsorganisation.

- **Absatzlogistik**
  Hier stellt sich die grundsätzliche Frage: „Wie wird die Auslieferung der Produkte (Leistungen) an die Kunden gestaltet?"

Distributionspolitik im kommunalen Sektor

✓ **Forderungen**

Herstellung einer bestmöglichen „Beschaffungserleichterung" des Kunden. Dies bedeutet: Die räumliche und zeitliche Zugänglichkeit der angebotenen Leistungen muss optimiert werden.

✓ **Übertragbarkeit**

- **auf die öffentliche Verwaltung**
  Auch wenn die Distributionspolitik im Bereich der Kommunalverwaltung – auf den ersten Blick – keine herausragende Bedeutung haben mag, so dürfen dabei jedoch die folgenden Aspekte nicht unterschätzt werden:
  – Kundenfreundliche Öffnungs- und Sprechzeiten der Ämter
  – Regelmäßige Sprechstunden auch der Verwaltungsspitze

- Bestmögliche Erreichbarkeit (dazu gehören z.B. Parkmöglichkeiten, Anschluss an ÖPNV, behindertengerechter Zugang, Verwaltungsstellen in den Stadt- und Ortsteilen)
- **auf die öffentlichen Betriebe**
  Neben den vorgenannten Punkten seien noch beispielhaft genannt: Beratungsstellen der Stadtwerke für Energieeinsparung vor Ort, „Notdienste" an den Wochenenden sowie Feiertagen.

3.7.7 Die Marketing-Instrumente „auf einen Blick"

❶ Was wollen wir in Zukunft an besonderer Problemlösung (Produkte/Leistungen) bieten?
  ⇨ **Produktpolitik**

❷ Was soll das kosten?
  ⇨ **Preispolitik**

❸ Wie erfahren unsere (potenziellen) Kunden, was wir für sie leisten wollen?
  ⇨ **Kommunikationspolitik**

❹ Auf welchen Wegen und wo und bei wem sollen die Kunden unsere Produkte (Leistungen) erhalten können?
  ⇨ **Distributionspolitik**

3.7.8 Marketing-Mix

Hier geht es darum, die vorgenannten Marketing-Instrumente s o aufeinander abzustimmen, also zu kombinieren und koordinieren, dass die angestrebten Marketing-Ziele bestmöglich erreicht werden.

Oder um es mit *Becker* (2006, S. 485) zu formulieren, kann der Marketing-Mix „im Sinne einer vollständigen und konkret zu realisierenden Marketing-Konzeption insoweit als die zielorientierte, strategieadäquate Kombination der taktisch-operativen Marketing-Instrumente aufgefasst werden".

3.8 Implementierung
3.8.1 Begriff und Bedeutung

Hier geht es um die
  ⇨ organisatorische Umsetzung und Steuerung des Marketing.

Implementierung = Vollzug, Durch- bzw. Ausführung oder Realisation.

Der Begriff „Implementierung" im Zusammenhang mit Marketing wird in der Fachliteratur und Praxis unterschiedlich weit gefasst. Die nachfolgende Betrachtung legt die „mittlere" Auslegung zugrunde. Danach behandelt Implementierung die Grundfragen

⇨ der **Organisation** und der **Kontrolle** von Marketing-Konzepten.

Im Einzelnen sind die folgenden Fragen zu klären:

- Mit welchen organisatorischen Strukturen kann das Marketing-Konzept bestmöglich umgesetzt werden? (= Organisation)
- Sind die angestrebten Ziele erreicht worden?
  (= ergebnisorientierte Marketingkontrolle)
- War der eingeschlagene Weg richtig?
  (= prozessorientierte Marketingkontrolle)

3.8.2 Marketingorganisation

Angesprochen sind hier aufbau- (= Strukturen) und ablauforganisatorische (= Prozesse) Fragen.

Hinweis: Auf die Ablauforganisation als die optimale Gestaltung der Arbeitsprozesse soll im Folgenden nicht näher eingegangen werden.

Bei der Aufbauorganisation können vor allem infrage kommen:

✓ *Funktions*orientierte Organisation

　Hier werden gleiche oder ähnliche Funktionen zusammengefasst

✓ *Produkt*orientierte Organisation

　Um größere Koordinationsschwierigkeiten zu vermeiden, bietet sich – vor allem bei einem vielfältigen Produktangebot – an, die Organisation des Marketing an den verschiedenen Produktgruppen zu orientieren.

✓ *Kunden*orientierte Organisation

　Sie entspricht am besten der Marketing-Philosophie, da hier der Kunde „das Maß aller organisatorischer Grundüberlegungen ist". Im kommunalen Bereich lassen sich im Hinblick auf die Marketing-Organisation

　　⇨ **vier Ausprägungen**

unterscheiden.

Es gibt Verwaltungen und Betriebe

- ohne besondere Marketing-Stellen
  (Hier werden die Marketing-Aktivitäten durch andere Stellen wahrgenommen)
- mit einer Stelle für Öffentlichkeitsarbeit
  (Hier wird „nebenbei und oft sehr unprofessionell" Marketing betrieben)

- mit einer speziellen Marketing-Abteilung
 (Hier ist zumindest eine hauptamtlich mit einem Marketingexperten besetzte Stelle vorhanden. Beispielhaft sei der in größeren Städten schon fast zum Standard zählende Citymanager erwähnt.)
- mit einem Marketing-Manager in der Führungsspitze.
 (Im kommunalen Bereich bisher die große Ausnahme. In Ansätzen allerdings dort vorhanden, wo Teilgebiete des Marketing, z.B. Wirtschaftsförderung, „zur Chefsache" erklärt worden sind!)

Fazit: Wer Marketing als eine auch für den kommunalen Bereich immer wichtiger werdende, weil existenzsichernde „Pflichtaufgabe" – ja zu einem „Muss" – verstanden hat, der muss auch die Schlussfolgerung daraus ziehen. Und diese kann nur lauten:

⇨ **Bereitstellung der erforderlichen personellen Ressourcen.**

3.8.3 Marketing-Kontrolle

Sie ist der „Abschlussakt" der durchzuführenden Managementaufgaben im Marketing. Unter Kontrolle wird allgemein die systematische, zeitgerechte sowie sachgemäß umfassende Überprüfung und Beurteilung der Strukturen und Abläufe in einer Organisation verstanden.

Ganz allgemein sollen mit der Kontrolle

⇨ Richtigkeit und Sinnhaftigkeit von Marketing-Entscheidungen geprüft werden.

Dabei ist zu unterscheiden zwischen der

✓ *ergebnis*orientierte Kontrolle (auch „Soll-Ist-Vergleich" genannt).

Mit ihr soll erkundet werden, ob und inwieweit die gesetzten Ziele verwirklicht werden konnten. Es geht also um die Überprüfung der Ergebnisse realisierter Marketingpläne. Sie ist die Messung des konkreten Zielerreichungsgrades. Der Soll-Ist-Vergleich sollte sich auf die quantitativen und qualitativen Marketingziele beziehen.

Frage: „Haben wir auf dem eingeschlagenen Weg *alles richtig* gemacht?" (also „die *Dinge richtig* machen!")

✓ *prozess*orientierte Kontrolle
(auch „Marketing-Audit" bzw. „Marketing-Controlling" genannt).

Hier werden die inhaltlichen und organisatorischen Marketing-Aktivitäten im Unternehmen geprüft.

Stichworte: Informationsversorgung – Organisation – Führung – Ziele, Strategien und Instrumente – Markt und Umfeld

Frage: „Haben wir den richtigen Weg eingeschlagen?" (also die richtigen Dinge machen!")

Kapitel IV
Wichtige Einsatzbereiche

1. Zwei Grundsatzfragen

Allen denen, die in ehrenamtlicher (z.b. Stadt- und Gemeinderäte) oder hauptamtlicher Funktion (z.B. Bürgermeister, Amtsleiter) Verantwortung für die Institution „Stadt/Gemeinde/Landkreis") tragen, müssen sich immer wieder zwei grundsätzliche Fragen stellen:

❶ Wie können wir unser Gemeinwesen so gestalten, dass es
  - für die Einwohner und Bürger lebenswert ist und
  - für die örtlichen Akteure (Gewerbe, Handel, Industrie, aber auch Vereine, gemeinnützige Organisationen) interessant bleibt und
  - auch für externe Dritte (Besucher, Gäste, Investoren, Unternehmen, aber auch auswärts Wohnende) zu einem attraktiven Anziehungspunkt wird?

❷ Wie müssen wir unser Gemeinwesen „aufstellen", strukturieren und weiterentwickeln, dass es auch in der Zukunft lebens- und wettbewerbsfähig bleibt?

Drei Zusatzfragen sollen helfen, eine notwendige zukunftsfähige Konzeption zu entwickeln, nämlich

  - **Was** wollen wir in Bezug auf unsere Institution „Stadt/Gemeinde/Landkreis" darstellen?
  - **Wie** wollen wir es darstellen?
  - **Für wen** wollen wir es darstellen?

Diese vorgenannten Grundsatz- und Zusatzfragen sind nichts anderes als

  ⇨ Marketing-Fragen, in deren Mittelpunkt das Produkt „Stadt/Gemeinde/Landkreis" und dessen „Vermarktung" steht.

Doch kann man bei einer Stadt, Gemeinde oder Landkreis eigentlich von einem „Produkt" sprechen? Darauf soll im nächsten Abschnitt eine Antwort gesucht werden.

2. Stadt/Gemeinde/Landkreis als „Produkt?"

Im Marketing-Denken und -Handeln spielt der Begriff „Produkt" eine wichtige Rolle – er ist längst zu einem Schlüsselwort geworden. Geht es doch beim Marketing letztendlich darum, die „richtigen" Leistungen im Sinne von Produkten zu erstellen, sie am Markt gekonnt zu platzieren und damit zu guter Letzt auch erfolgreich zu verkaufen.

Für die öffentliche Verwaltung war der Begriff „Produkt" **lange Zeit kein Thema**, das sie beschäftigt hat. Ob Bund oder Land, Landkreis, Stadt oder Gemeinde – als Gebietskörperschaften hatten und haben sie einen Wirkungskreis mit Zuständigkeiten und Aufgaben, die es wahrzunehmen bzw. zu erfüllen gilt. Und nicht selten entstand dabei der Eindruck, dass es in erster Linie um das Tätigwerden und Verrichten ging – gelegentlich auch als „Aktivismus" bezeichnet – und sehr viel weniger um das, was letztlich dabei herauskam.

Mit dem in den 90er Jahren begonnenen **Prozess der Verwaltungsreform** – im kommunalen Sektor vor allem als „Neues Steuerungsmodell" bekannt worden – fanden auch zahlreiche betriebswirtschaftliche Instrumente Eingang in das „Verwaltungsdenken und -handeln". Ein wichtiger Baustein dieser neuen Steuerung ist das „Produkt", das an die Stelle der überholten Aufgabenerfüllung tritt (Hopp/Göbel 2004, S. 45).

Hinzu kommt: **Ein Grundgedanke** der neuen Steuerung ist, an die Stelle der Vorgabe von Ressourcen („Inputs") – bekannt als „Inputorientierung" – Ziele im Sinne von Produkten nach Zweck, Menge, Qualität, Zielgruppe und Kosten zu definieren und als „Auftrag der Politik" (z.B. des Gemeinderats) an die ausführende Verwaltung weiter zu geben (= „Outputorientierung").

Ein Produkt ist dabei als **eine Leistung** oder eine Gruppe von Leistungen zu verstehen, die von Stellen außerhalb der jeweiligen Organisationseinheit (innerhalb oder außerhalb der Verwaltung) benötigt wird und für die in der Regel ein Preis zu bezahlen ist (so das Innenministerium Baden-Württemberg, zitiert nach Hopp/Göbel, S. 97).

Inzwischen gehören Begriffe wie „Produkt – Produktbildung – Produktplan – Produkthaushalt" schon beinahe „zum täglichen Brot" jeder Verwaltung. Allerdings hinkt hier der Gesetzgeber mit seinen „Aufgaben und Zuständigkeiten", die er den Trägern öffentlicher Verwaltung überträgt, dem inzwischen auch in der Verwaltung praktizierten „Denken und Handeln in Produkten" weit hinter her.

Längst fällt es auch dem „gestandenen Verwaltungsmenschen" nicht mehr schwer, bei den von einer Kreis-, Stadt- oder Gemeindeverwaltung auf den verschiedenen Tätigkeitsfeldern (z.B. in den Bereichen Bildung, Kultur, städtebauliche Infrastruktur) erbrachten Leistungen von „Produkten" zu sprechen. Wie verhält es sich aber bei dem Landkreis, einer Stadt oder Gemeinde als Ganzes, als Gebietskörperschaft? Ist auch hier der Begriff „Produkt" angebracht?

Zu Recht weisen Kritiker darauf hin, dass man eine Kommune nicht ohne weiteres einem privatwirtschaftlichen Produkt gleichsetzen kann. **Unternehmen** haben es mit der Produktion von Gütern zu tun, deren Eigenschaften präzise nennbar und im Voraus planbar sind. **Städte** und **Gemeinden** sind in diesem Sinne keine Unternehmen und deshalb sind ihre Qualitäten, Eigenarten und Attraktivitäten keine Produkte, die in einem zweckrationalen Prozess hergestellt und zu einem Marktpreis verkauft werden. Vielmehr sind die Kommunen komplexe Sozialsysteme mit vielen heterogenen Akteuren, mit Qualitäten und Ereignissen, die oftmals nicht planbar sind.

Aber: Unstrittig ist, dass sich auch die Landkreise, Städte und Gemeinden immer mehr in einem „Umfeld bewegen", das von „Angebot und Nachfrage geprägt ist", das also zumindest eine „marktähnliche Situation" aufweist. Die kommunalen Leistungsangebote – z.B. Kultur, Bildung, Freizeit, Sport, Infrastruktur – stehen im Wettbewerb mit anderen öffentlichen und privaten Konkurrenten. Wer aber hier seine „Produkte" schlecht vermarktet, der bleibt auf der Strecke.

Insoweit erscheint es angebracht, von der „reinen Lehre" abweichend, auch bei den vielfältigen Leistungen der Landkreise, Städte und Gemeinden von „Produkten" zu sprechen.

Bei den vielfältigen Leistungen des Gemeinwesens „Stadt/Gemeinde/Landkreis" kann man unterscheiden zwischen den schon genannten

- **einzelnen Bereichen** kommunaler Dienstleistungen (B.: Entwässerung, Wasserversorgung, kulturelle Angebote, sonstige öffentliche Einrichtungen) und
- der **ganzen Stadt** (Gemeinde, Landkreis) als Leistungseinheit. Hier werden die vielfältigen Leistungen (= das ganze Leistungsspektrum im Sinne der verschiedenen Funktionen wie Wohnen, Arbeiten, Kultur, Bildung, Sport, Freizeit, Soziales u.a.) zu einer Leistungseinheit zusammengefasst als
  ⇨ das („Gesamt-)Produkt Stadt, Gemeinde oder Landkreis".

Die Stadt (Gemeinde oder Landkreis) kann insoweit als eine Art ➲ **Dachmarke** (Näheres zum Thema „Marke" im folgenden Abschnitt) angesehen werden. Im Vordergrund stehen hier ➢ Image und Bekanntheit – die einzelnen Produktleistungen eher im Hintergrund. Das anzustrebende Ziel für das Gesamtprodukt „Stadt/Gemeinde/Landkreis" muss sein, das innere und äußere Erscheinungsbild der Kommune zu verbessern.

Das **Objekt** der „Vermarktung" im kommunalen Marketing ist z.B. ein Landkreis, eine Stadt oder Gemeinde.

Diese „Vermarktung" kann sich beziehen

- ✓ sowohl auf den Landkreis, die Stadt oder Gemeinde als Ganzes (insbesondere mit deren Image und Bekanntheit)
- ✓ als auch auf die einzelnen Angebote kultureller, touristischer, lebens- und konsumbezogener und wirtschaftlicher Art.

Die in der Wissenschaft geführte Diskussion darüber,

- ✓ ob das Gemeinwesen „Stadt/Gemeinde/Landkreis" ein Produkt im betriebswirtschaftlichen Sinne ist und damit ein vermarktungsfähiges Objekt oder
- ✓ ob es eher als ein Unternehmen anzusehen ist, das sich über eine Vielzahl von Einzelprodukten/-leistungen und Eigenschaften definiert,

ist eher von abstrakt-theoretischem Wert und deshalb im „Marketingalltag" ohne größere praktische Bedeutung. Tatsache ist, dass das Gemeinwesen „Stadt/Gemeinde/Landkreis" sowohl Charakterzüge eines Unternehmens als auch eines Produktes besitzt (so: Meyer 1999, S. 27).

3. Stadt/Gemeinde/Landkreis: Vom Produkt zur Marke

Wie schon dargelegt, kann das Gemeinwesen „Stadt/Gemeinde/Landkreis" als ein Gesamtprodukt angesehen werden, auch wenn es nicht in allen Einzelheiten dem klassischen Produktbegriff entsprechen mag.

Ausgehend von der Erkenntnis, dass „jede Marke ein Produkt, aber nicht jedes Produkt eine Marke ist", soll im Folgenden untersucht werden, wie aus dem **Produkt** Stadt/Gemeinde/Landkreis" die **Marke** Stadt/Gemeinde/Landkreis" entwickelt werden könnte.

Dazu ist zunächst einmal zu klären, was das Typische einer Marke ist, wie eine solche Marke entsteht, welche Bedeutung von ihr ausgeht und was eine Stadt (Gemeinde oder Landkreis) letztendlich tun muss, um zu einer Marke, zu einem Markenartikel zu werden.

Das Markenprodukt – also die aus einem Produkt gewordene Marke – ist ein immer wichtiger werdender Bestandteil des Marketinginstrumentes „Produktpolitik". Geht es doch letztendlich darum, nicht nur ein Produkt herzustellen, sondern es am Markt als „Marke" zu platzieren.

Was unterscheidet nun ein Produkt von einer Marke bzw. was sind die für eine Marke typischen Besonderheiten? Vorneweg soll eine wichtige Feststellung getroffen werden:

Entscheidend ist letztendlich nicht, dass der Hersteller sein Produkt als Marke „verkaufen will", sondern wie der Kunde dieses Produkt klassifiziert. Deshalb wird eine Marke auch als ein in der Psyche des Konsumenten verankertes, unverwechselbares **Vorstellungsbild** von einem Produkt beschrieben, das eine Identifikations- und Differenzierungsfunktion bewirkt, was zu einer Markenidentität führen soll.

Die einer Marke zugrunde liegende Leistung wird dabei

- einem möglichst großen Absatzraum
- über einen längeren Zeitraum
- in gleichartigem Auftritt und

- in gleich bleibender oder verbesserter Qualität angeboten.

Ganz allgemein handelt es sich bei einer Marke um
> ein (Waren-)Zeichen, das die Herkunft des Produktes signalisiert und für das der Markeninhaber ein exklusives Nutzungsrecht besitzt.

Konkret kann sich dieses Zeichen beispielsweise
- in einem Eigennamen (z.B.: Uhu, Leitz, Audi)
- in einer regionalen Herkunftsbezeichnung (z.B.: Krumbacher Mineralwasser, Radeberger Bier)
- in einem Bildzeichen (z.B.: Mercedes-Stern, Lacoste-Krokodil)
- in einer Kombination aus Wort- und Bildzeichen

manifestieren.

In der Wirtschaft zeigt sich die Bedeutung starker Marken vor allem darin, dass sie entscheidende Erfolgsgaranten sind und zu den wichtigsten Vermögenswerten zählen.

Der Aufbau und die Pflege von Marken geschehen durch entsprechende Marketing-Maßnahmen und sind Aufgabe der Markenpolitik. Ziel der Markenpolitik ist es, für ein Produkt Präferenzen aufzubauen, Markenbewusstsein zu entwickeln und Markentreue zu erzeugen (so Pesch, Marketing 2005, S. 149).

Ein wichtiger Teil der Markenpolitik ist die Wahl der „richtigen" Markenstrategie. Esch/Herrmann/Sattler (Marketing, 2006, S. 202) unterscheiden zwischen der

- **Einzelmarken**-Strategie
  Hier wird für jedes Produkt eines Anbieters eine eigenständige Marke entwickelt und im Markt umgesetzt
  z.B.: Die Stadt A bietet im Rahmen ihrer kommunalen Leistungen die Einzelmarken „Stadthalle", „Erlebnismeile Königstraße" und „Familienpark" an.

- **Familienmarken**-Strategie
  Hier werden mehrere Produkte unter einer einheitlichen Marke geführt.
  z.B.: Die Stadt B entwickelt für ihre vielfältigen Aktivitäten im Tourismus die einheitliche Marke „Stadt B: Erholung pur" und innerhalb dieser mehrere Produkte wie z.B. „Familienerholung pur", „Wandern pur statt Altern" und „Sport pur für Jugendliche".

- **Dachmarken**-Strategie
  Hier werden alle Produkte eines Unternehmens unter einer Marke angeboten.
  z.B.: Die Dachmarke ist der „Wirtschaftsraum A". Einzelne Produkte könnten das „Handwerkerzentrum B", der „Technologiepark C" und die „Outlet-City D" sein.

In der Praxis bestehen die vorgenannten Basisstrategien nur noch selten in ihrer ursprünglichen, reinen Form. Zumeist werden sie kombiniert eingesetzt.

Im kommunalen Sektor ist das Thema „Marke" bisher noch eher die Ausnahme. Zwar wird in der kommunalpolitischen Diskussion immer wieder die „Markenthematik" angesprochen (z.b. „Die Stadt als Marke" in „Absatzwirtschaft 12/2001", „Von der Stadt zur Marke" in „der gemeinderat" 06/2001), „Stadt Singen ist eine Marke" in „Stuttgarter Zeitung" vom 26.08.2003), doch außer einzelnen Aktivitäten ist bisher noch nicht allzu viel geschehen.

Was kann bzw. muss getan werden, um beispielsweise aus dem „Produkt Stadt" eine „Marke Stadt" zu entwickeln? Dazu soll nochmals an die vier typischen Merkmale des Markenbegriffs erinnert werden, nämlich;

- ✓ Möglichst großer Absatzraum

    Dies bedeutet, dass das „Produkt Stadt" nicht nur lokal, sondern regional, und – je nach Zielsetzung – auch landes- oder bundesweit einen entsprechenden Bekanntheitsgrad besitzt.

- ✓ Über einen längeren Zeitraum präsent

    Wenn eine Stadt nur über einen zeitlich eingeschränkten Zeitraum der Öffentlichkeit als Produkt erscheint, so ist die Gefahr des baldigen „Vergessenseins" recht groß.

- ✓ In gleichartigem Auftritt

    Wer ständig in neuem „Outfit" erscheint, der mag zwar kurzzeitig Aufmerksamkeit finden, mittel- und langfristig prägt er sich jedoch kaum in das Gedächtnis der Kunden ein. Stichworte: Logo – Werbemittel – Korrespondenz. Dieses Merkmal lässt sich unter dem Begriff „Corporate design" zusammenfassen.

- ✓ In gleich bleibender oder verbesserter Qualität

    Eine Marke ist ein Versprechen im Sinne einer verlässlichen Güte des Produktes. Nur dann, wenn dieses Versprechen auch ständig eingelöst, also vom Kunden auch als Qualität empfunden wird, kann daraus die angestrebte Markentreue entstehen.

Für die Kommune – ob Landkreis, Stadt oder Gemeinde – hat dies eine Reihe von **Konsequenzen. S**ie sollen in **e l f T h e s e n** zusammengefasst werden:

- Nicht jedes **Produkt**, das angeboten wird, eignet sich zur Marke.
- Deshalb bedarf es einer sorgfältigen und gründlichen, offenen und ehrlichen **Bestandsaufnahme** darüber, was das „Produkt Kommune" befähigen könnte, zu einer Marke entwickelt zu werden.

    Ein sehr brauchbares Mittel für diese Bestandsaufnahme ist die ⊃ SWOT-Analyse (Näheres dazu in Kapitel V Ziffer 6.4 „Situationsanalyse")

- Ist die Entscheidung für die Entwicklung des „Produkts Kommune" zur „Marke Kommune" gefallen, so bedarf es einer intensiven **Markenpolitik** (auch „Markenführung" genannt) als Teil der Produktpolitik. Sie umfasst diejenigen Marketing-

Wichtige Einsatzbereiche

Maßnahmen, die die Pflege und den Aufbau von Marken zum Inhalt haben (Pesch 2005, S. 149).

- **Ziel** der Markenpolitik ist es, für das Produkt (= die Marke) Präferenzen (Vorzugsstellungen) aufzubauen, Markenbewusstsein zu entwickeln und Markentreue zu erzeugen. Im Idealfall gelingt es, die „Marke Kommune" so „herauszustellen", dass daraus eine Vorzugsstellung im Sinne einer **Unique Selling Proposition** im Markt (auch als „Alleinstellungsmerkmal" bekannt) begründet wird. (Hinweis auf Ziffer 7.3 Besuchermarketing).

- Eine wichtige Grundsatzentscheidung im Rahmen der Markenpolitik ist die **Markenpositionierung**. Hier geht es um die Frage, welche Position die Marke in den Köpfen der Konsumenten einnehmen soll. Die Markenpositionierung will erreichen, dass die Marke

  – in den Augen der Zielgruppen so attraktiv ist und

  – gegenüber konkurrierenden Marken so abgegrenzt wird,

  dass sie gegenüber den Konkurrenzmarken vorgezogen („präferiert") wird. (Escher/Herrmann/Sattler 2006, S. 197). Wegen des allgemeineren Begriffs der „Produktpositionierung" wird auf Ziffer 6 Exkurs: Positionierung verwiesen.

- Eine erfolgreiche Markenpolitik **„beginnt zuhause"**! Dies bedeutet: Die Marke „Kommune" ist intern zu verankern, d.h. erforderlich ist die Identifikation der Einwohner und der örtlichen Akteure mit den Zielen der Kommune und der Marke. Die besten „Markenbotschafter" nach draußen sind die Einwohner, indem sie beispielsweise nicht von d e r , sondern von i h r e r Stadt sprechen.

- Markenpolitik ist **„Chefsache"**. Auf eine Stadt oder Gemeinde übertragen, heißt dies, dass Gemeinderat und Bürgermeister voll hinter dem Markenversprechen stehen und sich der Umsetzung in ihren jeweiligen Verantwortungsbereichen verpflichten.

- Notwendig ist, ein entsprechendes **Marken-Commitment** aufzubauen, d.h. eine emotionale Bindung aller Akteure (Kommunalpolitiker, Verwaltungsangehörige, örtliche Wirtschaft und gesellschaftliche Gruppen bis hin zum einzelnen Einwohner) an die „Marke Kommune".

- Wichtig ist auch, die Marke für die potenziellen Kunden **erlebbar** zu machen. Dies bedeutet:
Das – zunächst – abstrakte Markenversprechen muss in konkrete Maßnahmen übersetzt werden. Stichworte sind z.B. umfassende Erreichbarkeit – Kundenorientierung – wirtschaftsfreundliches Klima – „Bei uns ist jeder Besucher ein willkommener Gast" usw.

- Die Marke muss dauerhaft **institutionalisiert** werden. Denn nur so kann das Markenversprechen nachhaltig eingelöst werden. Daraus folgert: Der Markenaufbau, vor allem aber die Markenpflege, muss zu einer Daueraufgabe für die örtlichen Akteure werden. Gefragt ist kein „einmaliger Aktionismus", sondern das „ständige Arbeiten an der Marke Kommune"!

- Keine Markenpolitik ohne **Markenkontrolle** (Hinweis auf Kapitel V Stadt- und Citymarketing Ziffer 6.8.)

Was das Thema „Marke" – auf das Stadt- und Kommunalmarketing übertragen – bedeutet, soll an einem Beispiel veranschaulicht werden:

Die Stadt A ist

- nicht nur ein Produkt im Sinne eines Leistungsangebots
  z.B.: Hier kann man einkaufen, essen, flanieren, Kultur erleben
  Hinweis: Dies haben auch andere Städte zu bieten
- sondern dieses Produkt „Stadt A" steht auch für Vielfalt, Qualität, Wohlgefühl, Attraktivität, Sauberkeit usw.
  Hinweis: Hier weiß man, was einen – im positiven Sinne – erwartet
  Dazu das Zitat eines auswärtigen Besuchers: „In der Stadt A bin ich noch nie enttäuscht worden – hierher werde ich immer wieder kommen!"
  Die Stadt „A" ist also in den Augen (und Herzen) der Konsumenten

⇨ zu einer **M a r k e n p e r s ö n l i c h k e i t**, zu einem M a r k e n a r t i k e l geworden,

- lässt bei den Konsumenten – insbesondere den auswärtigen Besuchern, Gästen, Nutzern, Investoren eine **Markenpräferenz** entstehen und
- führt damit zu einem längerfristigen **Wettbewerbsvorteil** gegenüber konkurrierenden Kommunen.

4. Schlussfolgerung

Für das Gemeinwesen „Stadt/Gemeinde/Landkreis" sind **zwei Schlussfolgerungen** von Wichtigkeit:

- ✓ Das Gemeinwesen muss sein **Gesamtprodukt** „Stadt/Gemeinde/Landkreis" vor allem in Bezug auf die „weichen" Erfolgsfaktoren wie Image und Bekanntheit „vermarkten". Dazu ist ein Gesamtkonzept im Sinne der **Hauptziele** notwendig.
- ✓ Für die einzelnen **Aufgabenfelder** wie z.B. Bildung, Freizeit, Kultur, Sport, Tourismus und Wirtschaftsförderung sind produkt- und damit kundenorientierte Einzelkonzepte im Sinne von **Einzelzielen** zu erarbeiten.

5. Vom Gesamtkonzept zu den Einzelkonzepten (Hauptziel und Einzelziele)

Am Anfang aller kommunalen Marketing-Aktivitäten sollte ein Gesamtkonzept stehen. Es gibt gewissermaßen die „große Richtung" vor und bildet den Rahmen für alle weiteren Einzelüberlegungen. Nur damit ist sichergestellt, dass z.B. eine Stadt Marketing „aus einem Guss" betreibt.

Die Hauptaufgabe einer solchen ganzheitlichen, in sich schlüssigen Gesamtkonzeption muss sein, die Kommune zu einem

⇨ M a r k e n a r t i k e l, zu dem Produkt „Stadt/Gemeinde/Landkreis" zu entwickeln.

Dabei muss das Hauptziel sein, dieses Produkt optimal zu positionieren und bestmöglich darzustellen. (Nähere Ausführungen zu einer solchen Gesamtkonzeption befinden sich im Kapitel V „Stadt-, City- und Kommunalmarketing").

Kommunales Marketing:
Vom Gesamt- zu den Einzelkonzepten

☐ **Gesamtkonzept**

Inhalt:	Entwicklung der Kommune zu einem „Markenartikel", also zu einem Produkt
	z.B.: Konzeption „Stadt- oder Citymarketing"
Ziel:	„Vermarktung" des Produktes „Stadt..."
Erforderlich:	Bündelung aller örtlichen privaten und öffentlichen Aktivitäten

☐ **Einzelkonzepte**

Inhalt:	Entwicklung von Zielen, Strategien und Instrumenten für einzelne Aufgabenfelder
	z.B.: Standort-, Besucher-, Bürger- und Einwohner- sowie Verwaltungsmarketing
Ziel:	„Vermarktung" des jeweiligen Aufgabenfeldes nach innen und nach außen
Erforderlich:	Erstellung eines spezifischen, jedoch in die Gesamtkonzeption eingebundenen Marketing-Konzeptes

Abbildung 9: Kommunales Marketing: Vom Gesamtkonzept zu den Einzelkonzepten

6. Exkurs: Positionierung

Die Positionierung eines Produktes wird als die „hohe Schule des Marketing" (so: Meffert) in einem konkurrenzwirtschaftlichen Wirtschaftssystem bezeichnet.

Da sich ein Produkt zumeist in einem großen Konkurrenzumfeld zu behaupten hat, muss eine Stelle („Nische") im Markt gefunden werden, in der das „Gedränge" nicht allzu groß ist.

Dabei ist das Unternehmen bestrebt, sein Produkt **so** gegenüber der Konkurrenz abzuheben, dass es in den Augen der Konsumenten besonders attraktiv ist und deshalb anderen konkurrenzfähigen Angeboten vorgezogen wird.

Hierbei geht man nicht von *objektiven* Qualitätsgrößen aus, sondern von der *subjektiven* Einschätzung der Produkte durch die potenziellen Käufer. Ausgangspunkt sind die Einstellungen, welche die Käufer zu den Produkten haben. Die Verfahren der Einstellungsmessung sind eine wichtige methodische Grundlage der Produktpositionierung. Da Einstellungen nicht beobachtbare psychische Größen sind, kann eine Messung nur über Indikatoren („Anzeiger") erfolgen. Das unten in Abbildung 10 erläuterte Polaritätsprofil ist ein solches Instrument der Einstellungsmessung, insbesondere geeignet für Imageanalysen.

Die Positionierung insbesondere eines neuen Produktes am Markt ist eine

⇨ wichtige s t r a t e g i s c h e M a r k e t i n g e n t s c h e i d u n g.

Unter Positionierung sind damit alle Maßnahmen zu verstehen, die das Ziel haben, für ein Produkt eine bestimmte Wahrnehmung und Einstellung seitens der Käufer zu erreichen. Die Positionierungsentscheidung besteht aus drei Elementen:

❶ PRODUKT	Frage: **Was** soll gekauft werden?
❷ KAUFGRÜNDE	Frage: **Warum** soll das Produkt gekauft werden?
❸ ZIELGRUPPE	Frage: **Wer** soll das Produkt kaufen?

Letztendlich kann ein Produkt nur dann erfolgreich sein, also gekauft werden, wenn

- aus Sicht der Kunden klar ist, WAS eigentlich gekauft werden soll,
- es GRÜNDE gibt für den Kauf genau d i e s e s Produktes und nicht jenes der Konkurrenz,
- das Produkt auf eine bestimmte, möglichst homogene ZIELGRUPPE ausgerichtet ist.

Polaritätsprofil

Welche der nachstehenden EIGENSCHAFTEN treffen Ihrer Meinung nach auf die Stadt bzw. Gemeinde ... zu?

gemütlich	o	o	o	o	o	o	o	ungemütlich
freundlich	o	o	o	o	o	o	o	unfreundlich
weltoffen	o	o	o	o	o	o	o	spießig
jung	o	o	o	o	o	o	o	alt
interessant	o	o	o	o	o	o	o	langweilig
kundenorientiert	o	o	o	o	o	o	o	bürokratisch
sauber	o	o	o	o	o	o	o	schmutzig
fortschrittlich	o	o	o	o	o	o	o	konservativ
lebendig	o	o	o	o	o	o	o	verschlafen
sympathisch	o	o	o	o	o	o	o	unsympathisch

Dieses Polaritätsprofil besteht aus einer Reihe von gegensätzlichen (polaren) Eigenschaftspaaren, die jeweils am Ende einer Skala angeordnet sind. Die Befragten markieren auf einer Skala (hier von 1 bis 7), wie stark die genannten Eigenschaften ihrer Meinung nach auf den Meinungsgegenstand (hier die Stadt oder Gemeinde...) zutreffen. Danach werden die Mittelwerte der von allen Personen angegebenen Werte je Skala ermittelt. Verbindet man diese Mittelwerte graphisch, so ergibt sich das Eigenschafts- oder Polaritätsprofil des Objektes (hier: das Imageprofil der Stadt oder Gemeinde..., aus der Sicht der befragten Personen).

Abbildung 10: Polaritätsprofil

7. Wichtige Aufgabenfelder (Einzelziele)

7.1 Vorbemerkung

Neben dem vorgenannten Hauptziel des Marketing, die Kommune als

⇨ Markenartikel, also als Produkt „Stadt/Gemeinde/Landkreis"

zu entwickeln, können mit dem Marketing auf der kommunalen Ebene auch eine Reihe

⇨ wichtiger Einzelziele

angestrebt werden. Diese werden von dem Hauptziel abgeleitet und müssen sich deshalb auch immer an dem ganzheitlichen Ansatz ausrichten und dem Hauptziel unterordnen.

Nachstehend sollen exemplarisch **vier wichtige Einzelziele bzw. Handlungsfelder** näher beschrieben werden, nämlich

Standortmarketing	Kommune als *Wirtschaftsstandort*
Besuchermarketing	Kommune als *Besucherstandort*
Bürger- und Einwohnermarketing	Kommune als *Wohnstandort*
Verwaltungsmarketing	Kommune als *öffentlicher Dienstleistungsstandort*

7.2 Standortmarketing

Ziel ist, die Kommune als attraktiven Wirtschaftsstandort zu positionieren. Vom Standortmarketing zu unterscheiden ist die **Standortpolitik**. Diese ist, als Teil der Absatzpolitik, die Entscheidung eines Unternehmens und bezieht sich auf die marktorientierte Wahl eines geographischen Ortes, an dem ein Unternehmen Produktionsfaktoren (z.B. Personal, Maschinen, Gebäude) einsetzt, um Leistungen zu erstellen.

Das kommunale Standortmarketing – in der Praxis zumeist als **Wirtschaftsförderung** bezeichnet – umfasst zwei Betätigungsfelder:

✓ Standortförderung im Sinne einer Pflege und Förderung der **vorhandene**n Unternehmen und

✓ Standortmarketing im engeren Sinne im Sinne von Ansiedlung (Akquisition) **neuer** Unternehmen.

Erfahrungen in der Praxis zeigen, dass der Schwerpunkt der kommunalen Wirtschaftsförderung eindeutig bei der Standortförderung liegt. Dies verdeutlicht das Zitat eines städtischen Wirtschaftsförderers: „Wenn es uns gelingt, die vorhandenen Unternehmen in unserer Stadt zu halten, dann haben wir eine erfolgreiche Wirtschaftsförderung gemacht."

Derzeit sind spektakuläre **Neuansiedlungen** – wie etwa BMW und Porsche in Leipzig – die große Ausnahme. Sieht man von den nicht allzu häufigen (großen) Neugründungen ab, so heißt Neuansiedlung in der Praxis zumeist die Verlagerung eines Unternehmensstandorts von der Gemeinde A nach B, weil bei ersterer möglicherweise die Standortförderung versagt hat!

Standortmarketing i.S.v. Wirtschaftsförderung ist zwar eine **freiwillige Aufgabe** (Art. 28 II GG, und z.B. §§ 1 und 2 der baden-württembergischen Gemeindeordnung), heute wird es jedoch nahezu überall als ein unverzichtbares MUSS im Rahmen der kommunalen Daseinsvorsorge angesehen. Deshalb gibt es auch in nahezu allen Städten und Gemeinden einen Wirtschaftsförderer, zuweilen auch als „Wirtschaftskümmerer" bezeichnet. Während in den kleineren Gemeinden zumeist der Bürgermeister als „oberster Wirtschaftsförderer" fungiert, diese Aufgabe also „nebenbei" erfüllt, wird in den größeren Gemeinden (i.d.R. Städte ab 20 000 Einwohner) Wirtschaftsförderung als „full-time-job" ausgeübt. In den Landkreisen sind hauptamtliche Wirtschaftsförderer bisher eher die Ausnahme. Die Gründe dafür liegen zum einen in der zwischen Gemeinden und Landkreis bestehenden (natürlichen) Konkurrenzsituation und zum anderen darin, dass die Gemeinden Wirtschaftsförderung als klassische Aufgabe des gemeindlichen Wirkungskreises reklamieren.

Eine Grundvoraussetzung für eine erfolgreiche Wirtschaftsförderung vor Ort ist das Wissen um die Bedeutung der sog. **Standortfaktoren.** Dies sind Größen, die Grundlage einer unternehmerischen Standortentscheidung (über Verbleib, Verlagerung oder Neuansiedlung) sind, d.h. diese maßgeblich beeinflussen. (Hinweis auf die Anlage „Wirtschaftsförderung Teil: Standortfaktoren"!)

Zur Vertiefung des Themas „Standortmarketing/Wirtschaftsförderung" wird auf das im *Verlag Wissenschaft & Praxis* erschienene Buch von Reschl/Rogg, Kommunale Wirtschaftsförderung verwiesen.

7.3 Besuchermarketing

Am bekanntesten und zugleich am weitesten verbreitet ist das Tourismusmarketing. Darauf soll im Folgenden nicht näher eingegangen werden, zumal es hier eine umfassende und spezielle Tourismusliteratur gibt.

Zunehmend an Bedeutung gewinnen neue Zielgruppen für die Bereiche

- ✓ Bildungs- und Kulturmarketing (beispielsweise ein Wochenende mit *Friedrich Schiller* in der Schillergeburtsstadt Marbach am Neckar)
- ✓ Tagungen, Kongresse, Messen (beispielsweise die Stadthalle X positioniert sich als Seminarstandort)
- ✓ Einkaufen und Genießen (beispielsweise die neue Fußgängerzone in der Stadt Y als „Einkaufs- und Schlemmermeile").

Jede Stadt oder Gemeinde – selbstverständlich gilt dies eingeschränkt auch für die Landkreise – muss sich hier angesprochen fühlen und sich darüber Gedanken machen, was sie

⇨ Besonderes – Einmaliges – Unverwechselbares

anzubieten hat.

Wer dasselbe anbietet, was andere auch (und vielleicht besser und schon früher) offerieren, der braucht sich nicht zu wundern, wenn potenzielle Kunden das „Original" und nicht die „Kopie" wählen.

Beispiel: In früheren Jahren (und teilweise auch noch heute) haben sich viele Gemeinden z.B. als „Fachwerkstadt" oder „Weinort" zu profilieren versucht. Solche Etiketten sind beliebig auswechsel- und austauschbar. Doch es gibt auch (positive) Gegenbeispiele: Stadt B. hat sich als größte „Trollingeranbaugemeinde" in Deutschland positioniert.

Die Zauberformel lautet: „**USP**" (= **U**nique **S**elling **P**roposition)

Dies bedeutet: Für das Produkt X wird ein einzigartiger Verkaufsvorteil erreicht und erhalten. Bei der Installierung einer USP können die folgenden Grundsatzfragen hilfreich sein:

- ✓ **Was** haben wir zu bieten (z.b. Geburtshaus von..., einmaliges Naturdenkmal, sensationeller Familienpark), was uns von den Wettbewerbern unterscheidet?
- ✓ Für welche **Zielgruppen** (z.B. Kultur-, Sport-, Naturinteressierte, junge Familien, Senioren) könnte unser Produkt infrage kommen?
- ✓ Was soll die Werbebotschaft (**inhaltliche Aussagen**) enthalten?
- ✓ In welcher Form (**Werbemittel**) soll sie kommuniziert werden?

Die vorgenannte Werbebotschaft, an die entsprechenden Zielgruppen gerichtet, soll

- ✓ das Produkt eindeutig identifizieren und von anderen Produkten unterscheiden,
- ✓ den Zielpersonen einen besonderen Nutzen, den nur das umworbene Produkt hat, anbieten
- ✓ und sie soll diesen „einzigartigen" Nutzen auch glaubwürdig mit „Beweisen" begründen.

Also: Den anvisierten Zielgruppen muss ein einfacher, klarer und gegenüber den Wettbewerbern dominanter Nutzen versprochen (und natürlich auch eingelöst) werden (so: Meffert, Marketing, 9.A., S. 711).

7.4 Bürger- und Einwohnermarketing

Die hier stattfindenden Aktivitäten mit der Zielgruppe „Bürger und Einwohner" werden auch als **internes** Marketing bezeichnet. Während zahlreiche Einzelmaßnahmen des kommunalen Marketing an externe Zielgruppen (z.B. auswärtige Besucher, Gäste, Investoren und Unternehmen) gerichtet sind – deshalb auch **externes** Marketing genannt –, kommt oft das interne Marketing zu kurz bzw. wird in seiner Bedeutung unterschätzt.

Nur dann, wenn auch die Bewohner und die örtlichen Akteure (z.B. Vereine, Handel, Gewerbe, Industrie, gemeinnützige Organisationen) von ihrer Stadt oder Gemeinde als Kunde betrachtet und behandelt werden, erfolgt eine entsprechende Identifikation mit „ihrer" Stadt oder Gemeinde. Bewohner und örtliche Akteure, die sich in „ihrer" Stadt oder Gemeinde wohl fühlen, sind die „besten Botschafter" nach außen. Oder um es auf den Punkt zu bringen: „Erfolgreiches externes Marketing beginnt zuhause!"

Dieses interne, bürger- und einwohnerorientierte Marketing kann sich des gesamten Marketing-Instrumentariums bedienen, angefangen

- ✓ von der Entwicklung eines Stadt- bzw. Kommunalleitbildes
- ✓ über einen kombinierten Einsatz der Marketing-Maßnahmen (Marketing-Mix)

✓ bis hin zu einer intensiven Bürger- und Einwohnerbeteiligung bei zahlreichen örtlichen Vorhaben (z.b. Bau und Betrieb von öffentlichen Einrichtungen, Verkehrs- und andere Fachplanungen, im Bereich der Bildung, der Schulen und Kultur, bei sozialen Projekten und vieles mehr).

7.5 Verwaltungsmarketing

Entgegen einer weit verbreiteten Ansicht meint Marketingdenken in der öffentlichen Verwaltung

✓ nicht ⊃ Werbung, Verkauf und Absatz,

✓ sondern ⊃ Schaffung einer Organisation, die ihre Aktivitäten weitestgehend an den Abnehmererfordernissen ausrichtet, also die Bedürfnisse und Wünsche in den Mittelpunkt ihres Verwaltungshandelns stellt.

Dies entspricht auch dem von der Kommunalen Gemeinschaftsstelle für Verwaltungsvereinfachung (KGSt) im Jahr 1993 entwickelten Neuen Steuerungsmodell, das die Dienstleistungsorientierung als wichtiges Reformziel hervorhebt und es im Gleichgewicht zu den Werten „Rechtmäßigkeit, Wirtschaftlichkeit und Sozialverträglichkeit" stellt. Bei den Leistungen der Kommunalverwaltung handelt es sich überwiegend um Dienstleistungen. Aus betriebswirtschaftlicher Sicht sind Kommunalverwaltungen daher Dienstleistungsbetriebe.

Dienstleistungen unterscheiden sich von Produkten im engeren Sinne durch zwei wichtige Merkmale, nämlich

⇨ **Intangibilität und Integrativität.**

Diese beiden „Besonderheiten" der Dienstleistungen sollen im Folgenden kurz skizziert werden.

Intangibilität

Dienstleistungen sind physisch nicht präsent, können also vom Kunden vor dem Kauf nicht in Augenschein genommen werden. Deshalb ist der Anteil der Qualitätsaspekte groß, die der Kunde erst während des Konsums erfahren kann oder auf deren Vorhandensein er grundsätzlich vertrauen muss.

Beispiel: Die Freundlichkeit der Mitarbeiterinnen im Bürgerbüro erfährt der Kunde erst während der Beratung in seiner Sache X.

Deshalb spielen – aus Kundensicht – zwei Aspekte eine besondere Rolle:

✓ das Image der Kommunalverwaltung als Dienstleistungsunternehmen

✓ die persönliche Kommunikation zwischen Dienstleister und Kunden.

Intergrativität

Dienstleistungen können nicht erstellt werden, ohne dass sich Kunden an der Leistungserstellung beteiligen. Diese Kundenintegration hat eine

- ✓ *räumliche* Dimension, d.h. der Kunde muss – oftmals – den Ort des Anbieters aufsuchen
- ✓ *zeitliche* Dimension, d.h. der Kunde muss während des Konsums der Dienstleistung eigene Zeit aufwenden
- ✓ *funktionale* Dimension, d.h. der Kunde muss einen Teil der Leistungserstellung übernehmen, z.B. Informationen bereitstellen
- ✓ *soziale* Dimension, d.h. zumeist werden Dienstleistungen in direkter Interaktion zwischen Kunde und Mitarbeiter erstellt.

Für die Stadt-, Gemeinde- oder Kreisverwaltung als Dienstleistungsunternehmen hat dies zu der Erkenntnis zu führen:

⇨ **Verwaltungsmarketing heißt Dienstleistungsmarketing.**

Nachstehend sollen zwei Begriffe erläutert werden:

Dienstleistung

= die Handlung einer Person oder Sache (z.B. Kartenautomat im Freibad) an einem Objekt (Person oder Sache). Dienstleistungen werden erbracht, um beim Nachfrager einen bestimmten Nutzen zu erzielen.

Dienstleistungsmarketing (auch „Servicemarketing" genannt)

= die Ausrichtung aller Aktivitäten der kommunalen Ämter und Einrichtungen auf die Bedürfnisse der Bürger und Einwohner.

Gegenüber dem Sachgütermarketing weist das Dienstleistungsmarketing einige Besonderheiten auf, die im Folgenden kurz skizziert werden sollen. Neben den vom klassischen Marketing (= Sachgütermarketing) bekannten Marketing-Maßnahmen (Produkt-, Preis-, Kommunikations- und Distributions-Politik) gibt es beim Dienstleistungsmarketing ein weiteres

⇨ **Instrumentenbündel** in Form der „Drei-Service-P´s", nämlich

People   (= Personalpolitik)
Process   (= Prozesspolitik)
Physical evidence (= Umfeldpolitik).

Zu Personalpolitik:
Ein Großteil von Dienstleistungen wird von Personen (= Beschäftigte der Verwaltung als „Dienstleister") an anderen Personen (= Bürger, Einwohner als „Kunden") erbracht. Deshalb beeinflusst das Mitarbeiterverhalten entscheidend, wie der Kunde die Qualität der Verwaltung wahrnimmt.

Die Verwaltungsführung ist letztendlich dafür verantwortlich, dass die Mitarbeiterinnen und Mitarbeiter

- ✓ neben der erforderlichen **fachlichen** Qualifikation

✓ auch über eine **dienstleistungsorientierte** Einstellung und
✓ die notwendige **Sozial- und Emotionalkompetenz**
verfügen.

Zu Prozesspolitik:
Dienstleistungen finden als Prozesse statt, d.h. sie erfolgen – unabhängig von der Art der Dienstleistung – in verschiedenen Schritten. Die Verwaltung muss diesen Kundenprozess erfassen, analysieren und – aus der Sicht des Kunden – optimieren.

Zu Umfeldpolitik:
Hier geht es um ganz praktische Fragen wie die Gestaltung der Verwaltungsgebäude und der publikumsintensiven Räumlichkeiten (z.B. Bürgerbüro).

Dienstleistungsmarketing

Klassischer Marketing-Mix		Instrumentenbündel	
„Vier P's"		„Drei-Service-P's"	
✤ Product	Produkt-Politik	✤ People	Personal-Politik
✤ Price	Preis-Politik	✤ Process	Prozess-Politik
✤ Promotion	Kommunikations-Politik	✤ Physical evidence	Umfeld-Politik
✤ Place	Distributions-Politik		

Abbildung 11: Dienstleistungsmarketing

Fazit:

✓ Dienstleistungsmarketing – und damit Kundenorientierung – ist ein wesentlich komplexerer Handlungsbereich als das herkömmliche Sachgütermarketing.

✓ Deshalb muss der klassische Marketing-Mix (Produkt-, Preis, Kommunikations- und Distributions-Politik) unter Berücksichtigung der besonderen Merkmale von Dienstleistungen modifiziert und um die „Drei-Service-P´s" ergänzt werden.

✓ Für den kommunalen Sektor mit seinem zahlreichen Dienstleistungsangeboten (z.B. Bildung, Kultur, Soziales, Ver- und Entsorgung) wird es immer wichtiger, dieses dienstleistungsorientierte Marketingverständnis zu übernehmen. Notwendig ist eine spezifische Dienstleistungskultur im Sinne einer Servicementalität mit einer deutlichen Anhebung des (internen) Stellenwertes (auch in Bezug auf die Vergütung) der Mitarbeiterinnen und Mitarbeiter, die im Dienstleistungsbereich – häufig also an „vorderster Front und Auge in Auge mit dem Kunden" – tätig sind.

Kapitel V
Stadt-, City- und Kommunalmarketing

1. Vorbemerkung

Begriffe wie Wirtschaftsförderung – Stadtentwicklung – Imagepflege – Stadtwerbung – Öffentlichkeitsarbeit – PR – Corporate Identity – Stadt- und Kommunalmarketing – City- und Regionalmarketing – Public-Private-Partnership – Stadt- und Kommunalleitbilder gehören längst zum Vokabular **nicht nur der Verwaltungsmanager,** sondern auch vieler Kommunalpolitiker in Stadt und Land.

Für Werbeagenturen und Beratungsunternehmen ist dieser öffentliche Sektor inzwischen zu einem attraktiven Betätigungsfeld geworden. Mit „Lockrufen" wie „Auch Ihre Kommune braucht Stadtmarketing, denn sie steht im Wettbewerb" oder „Toppen Sie die Attraktivität Ihrer Stadt mit Citymarketing" wird der Großstadt ebenso suggeriert wie der kleinen Gemeinde, dass „Marketing zu einer kommunalen Überlebensfrage geworden ist".

Was immer die vorgenannten Begriffe bedeuten mögen und wie ernst man auch immer die Zitate der Werbeprofis nehmen mag, eines signalisieren sie unüberhörbar: Die Städte und Gemeinden stehen mehr denn je vor neuen, bisher nicht gekannten Herausforderungen, denen sie sich stellen müssen. Oder um es mit dem legendären Amerikaner *Benjamin Franklin* zu sagen: „Führe deine Geschäfte oder deine Geschäfte führen dich!"

Im Mittelpunkt dieses Kapitels stehen die Themen „Stadt-, City- und Kommunalmarketing".

2. Verschiedene Begriffe und was sie bedeuten

Der eingeführte und heute gängige Begriff „Stadtmarketing" wird unabhängig von Größe und Status der Kommune verwendet. Da sich vor allem die kleineren Gemeinden mit dem Begriff „Stadtmarketing" etwas schwer tun, zumal in den Augen der dortigen Einwohner, aber auch aus Sicht der Städte, dies gelegentlich als „Etikettenschwindel" oder „Hochstapelei" empfunden wird, soll hier von „Stadt- und Kommunalmarketing" gesprochen werden. Im Folgenden sollen die Begriffe „Stadt- und Kommunalmarketing – Citymarketing und Regionalmarketing" kurz skizziert werden. Des Weiteren wird noch kurz und zur Abrundung auf die Begriffe „Citymanagement" und „Centermanagement" eingegangen.

2.1 Stadt- und Kommunalmarketing
Der Bedeutungswandel des Stadt- und Kommunalmarketing wird durch die Unterscheidung zwischen der **engeren** und **weiteren** Begriffsfassung veranschaulicht.

Stadt- und Kommunalmarketing im engeren Sinn
Diese eindimensionale Betrachtungsweise versteht Stadt- und Kommunalmarketing als „Marketing einer Stadt oder Gemeinde als EINKAUFSORT für die örtliche und überörtliche Einzelnachfrage".

Im Mittelpunkt aller Aktivitäten stehen erwerbswirtschaftliche Gesichtspunkte mit dem Ziel, tatsächliche und potenzielle, externe und interne Kunden für den Einkaufsstandort „Stadt A oder Gemeinde B" zu erhalten und zu gewinnen.

Träger dieses Marketing ist zumeist der örtliche Einzelhandel, oftmals organisiert in Werbe- oder Verkaufsgemeinschaften bzw. im Bund der Selbständigen. Von den Städten und Gemeinden werden diese Aktivitäten zumeist „wohlwollend" begleitet, teilweise auch mit finanziellen Zuschüssen unterstützt.

Stadt- und Kommunalmarketing im weiteren Sinn
Diese mehrdimensionale, in Fachliteratur und Praxis übliche Betrachtungsweise versteht Stadt- und Kommunalmarketing als die Bündelung aller öffentlicher und privater Aktivitäten zu dem „Produkt Stadt bzw. Gemeinde". Ob Bildung oder Kultur, Sport oder Freizeit, Wirtschaft einschließlich Handel, Handwerk und Gewerbe, ob Vereine oder gemeinnützige Institutionen, landschaftliche Schönheiten und vieles mehr – alle diese Angebots- und Leistungsfelder sind Bestandteil des „Produktes Stadt oder Gemeinde".

Ziel dieses modernen Ansatzes von Stadt- und Kommunalmarketing ist es, die Stadt A oder Gemeinde B

⇨ optimal zu positionieren und bestmöglich darzustellen.

Die in der zuweilen sehr stark privatwirtschaftlich geprägten Fachliteratur (so z.B. Bruhn/Homburg) vertretene Auffassung, Stadt- und Kommunalmarketing sei die Übertragung des betrieblichen Marketing auf den öffentlichen Sektor ist eine verkürzte und wenig hilfreiche Interpretation. Da Städte und Gemeinden – im Gegensatz zu zentral steuerbaren Unternehmen – weitaus komplexere Gebilde mit einem großen Bedarf an Koordination, Kommunikation und Kooperation sind, kann das betriebliche Marketing nur eingeschränkt, auf keinen Fall aber 1:1 übernommen werden.

Stadt- und Kommunalmarketing

⊙ im engeren Sinne (= *ein*dimensionale Betrachtungsweise)
 = Stadt bzw. Gemeinde als ⇨ Einkaufsstandort

⊙ im weiteren Sinne (= *mehr*dimensionale Betrachtungsweise)
 = Stadt bzw. Gemeinde als ⇨ „Produkt"

Abbildung 12: Stadt- und Kommunalmarketing

2.2 Citymarketing

Es ist „Stadtmarketing für die City", also auf die Innenstadt beschränkt. Deshalb wird gelegentlich auch von

⇨ „Innenstadtmarketing" gesprochen. Es geht um die Darstellung und Gestaltung des Wohn- und Erlebnisraums „Innenstadt".

Ziel ist es, die Attraktivität der Innenstadt als Einkaufs- und Erlebnisort zu steigern.

Dies ist für viele Mittel- wie auch Großstädte zu einer herausragenden kommunalpolitischen Herausforderung geworden, da der innerstädtische Bereich vielerorts immer mehr an Anziehungskraft verloren hat.

Gründe hierfür sind vor allem:

- Die immer größer gewordene Konkurrenz der Einkaufszentren wie auch mancher Outletcenter „auf der grünen Wiese"
- Die fehlende bzw. oftmals viel zu späte und häufig halbherzige Reaktion der Kommunalpolitik und der betroffenen Geschäfte in der Innenstadt auf die vorgenannte Entwicklung
- Die lange Zeit dominierende „Geiz-ist-geil-Mentalität" vieler Einwohner.
- Ein teilweise dramatisches „Ladensterben" alteingesessener, inhabergeführter Geschäfte
- Eine „Verödung" vieler Innenstädte durch den Wegzug zahlreicher gut situierter Einwohner in die ruhigeren, oftmals eine größere Lebensqualität bietender Außenbezirke und Stadtteile
- Damit einher ging zumeist eine Verschlechterung der Gebäudesubstanz.

So entwickeln sich manche Innenstädte immer mehr zu **„echten Problembereichen"** und zum „Sorgenkind Nr. 1" der Kommunalpolitik. Und gar mancher Stadt- oder Gemeinderat blickt voll Neid auf die Nachbarstadt mit ihrer attraktiven, durch ein pulsierendes Geschäftsleben beeindruckenden „City", einen gelungenen Mix aus Arbeiten, Wohnen, Flanieren und Erleben aufweisend.

Was war das dortige **„Erfolgsgeheimnis?"** Es gibt dafür sicherlich viele Gründe und zuweilen haben auch Glück und Zufall Regie geführt.

Allerdings: Überall dort, wo man **rechtzeitig** Citymarketing betrieben hat und auch bereit war, die personellen, organisatorischen und finanziellen Ressourcen zur Verfügung zu stellen, wurde die Innenstadt zu einem „Erfolgsmodell". Eine wichtige flankierende Maßnahme war (und ist) dabei die Erstellung einer **Innenstadtkonzeption** (zuweilen auch als „Rahmenplan für die Innenstadt", „Einzelhandelskonzept" oder gar „Masterplan" bezeichnet)

Auch wenn dazu **externe Unterstützung** in der Form von Fach- und Prozesswissen unverzichtbar ist, so müssen die inhaltlichen Zielsetzungen und Maßnahmen unter intensiver **Mitwirkung der örtlichen Akteure** (wie etwa des Bundes der Selbständigen, Werbegemeinschaften, kulturelle Träger, gemeinnützige Einrichtungen, aber auch „einfache Vertreter" aus der Bürgerschaft) definiert und formuliert werden. Nur wenn eine solche Innenstadtkonzeption auch von einer breiten Mehrheit der Bürgerschaft getragen wird, verspricht sie Aussicht auf Erfolg. Deshalb muss das Motto lauten „Aus Betroffenen Beteiligte machen!" Zumeist können die Städte und Gemeinden „nur die Rahmenbedingungen" schaffen – die planerischen Vorgaben umzusetzen, ist Sache des örtlichen Gewerbes, Handels, Handwerks und nicht zuletzt der Grundstückseigentümer. Auch hier gilt die (alte) Erfahrung: Wer an der Ideensuche beteiligt wird, der macht auch bei der Ideenumsetzung mit!

Darüber hinaus gibt es seit einiger Zeit positive Anzeichen einer **Renaissance der Innenstädte**, So ist – beispielhaft sollen die baden-württembergischen Mittelstädte Esslingen (das ES), Ludwigsburg (Wilhelmgalerie) und Waiblingen (Postareal) genannt werden – ein Trend zu Einkaufszentren in der Innenstadt erkennbar.

Dieser Trend „Zurück in die Stadt" zeigt sich auch im neuen **Wohnverhalten** vieler jüngerer und älterer Menschen. Ob junge Paare, Patchwork-Familien oder ältere Ehepaare, die einen betreuungsbedürftigen Elternteil zu versorgen haben – sie ziehen neueren Studien zufolge immer öfters das Wohnen in der Stadt dem beschaulichen ländlichen Leben vor. Besonders anziehend ist dabei die Multi-Funktionalität der Stadt: Gastronomie, ärztliche Versorgung, Einkaufen, das kulturelle Angebot und die kürzeren Wege.

Im Idealfall betreibt eine Stadt **„Stadt- u n d Citymarketing"**. Sie sind keine Gegensätze, sondern ergänzen sich. Die nicht selten zu machende Beobachtung, dass sich die (meisten) kommunalpolitischen Bemühungen (und finanziellen Förderungen) auf die Innenstadt konzentrieren, beinhaltet erheblichen Zündstoff. Hier fühlen sich die Stadtteile nicht selten in höchstem Maße „benachteiligt, ausgegrenzt, ja vergessen". Eine Stimmung, die dem kommunalpolitischen Klima sehr schaden kann und sich nicht selten in Unzufriedenheit und künftiger Enthaltsamkeit bei Gemeinderats- und Bürgermeisterwahlen äußert. Und häufig wandert dann ein Gutteil der Kaufkraft bewusst und gewollt aus den Stadtteilen in benachbarte, mit der Heimatstadt im Wettbewerb stehende Kommunen ab.

2.3 Regionalmarketing

Erstrecken sich die gemeinsamen Marketingaktivitäten auf das Gebiet mehrerer Stadt- und Landkreise, so wird dafür der Begriff „Regionalmarketing" verwendet. Balderjahn (1994, S.19) definiert Regionalmarketing als ein marktorientiertes Steuerungskonzept zur Entwicklung von Regionen. Dabei ist unter einer Region ein historisch gewachsenes Territorium beliebiger räumlicher Ausdehnung zu verstehen.

In der öffentlichen Diskussion taucht zwar immer wieder der Begriff „Regionalpolitik" auf, insbesondere im Zusammenhang mit der Europäischen Union (EU) und deren Weiterentwicklung, Regionalmarketing als Fachbegriff spielt hingegen nur eine untergeordnete Rolle. Es gibt deshalb auch nur wenige „Vorzeigeobjekte". Erwähnt seien das Regionalmarketing für das Ruhrgebiet und jenes für den Regierungsbezirk Schwaben (Augsburg).

Unterschiede

- **Stadt-** und **Kommunal**marketing
  - Gegenstand: ➤ das gesamte Gebiet der Stadt bzw. Gemeinde (also: Kernstadt einschließlich Stadt-/Ortsteile)
- **City**marketing
  - Gegenstand: ➤ die Innenstadt bzw. City
- **Regional**marketing
  - Gegenstand: ➤ das Gebiet mehrerer Städte, Gemeinden und Landkreise

Abbildung 14: Unterschiede

2.4 Citymanagement

Die Aufstellung eines Marketing-Konzeptes ist die eine Seite – es umzusetzen, also die angestrebten Ziele durch entsprechende Maßnahmen zu realisieren, ist die andere Seite. Dies gehört zu den Hauptaufgaben des Citymanagements. Häufig wirkt es auch schon bei der Konzeptentwicklung mit.

Definiert wird Citymanagement als ein

⇨ integrativer und umsetzungsorientierter Kommunikationsprozess zur Stärkung der Innenstadt. (Kuron/Bona 2000, S. 9).

Grundlage für die Tätigkeit des Citymanagements sollte ein City-Marketing-Konzept sein.

Die „Geschäftsführung" des Citymanagements liegt zumeist beim Citymanager. Andere Bezeichnungen sind u.a. Projektmanager, Stadtmanager, Koordinator, Geschäftsführer.

Er ist Motor, Moderator, Organisator, Koordinator und „Kümmerer". Von besonderer Wichtigkeit ist es, die öffentlichen und privaten Akteure der Innenstadt „an einen Tisch zu bringen und ihre Kräfte zu bündeln." Und nicht selten wird es auch darum gehen, zwischen den unterschiedlichen Interessen zu vermitteln.

Für den Citymanager gibt es kein einheitliches Berufsbild, weshalb auch dessen beruflicher Werdegang ein recht unterschiedlicher ist. In der Praxis kommen die Citymanager häufig aus dem öffentlichen Sektor (als frühere Bürgermeister oder Amtsleiter), aus dem Marketingbereich der Wirtschaft und aus der Beraterbranche. Soviel aber gilt für alle Citymanager: Man erwartet von ihnen häufig wahre „Wunderdinge". So verspricht sich die Kommunalpolitik eine Verbesserung des innerstädtischen Images, der Einzelhandel träumt von Umsatzsteigerungen und die in der City lebenden Menschen erwarten eine Verbesserung ihrer Lebensqualität. Oder wie es ein Citymanager drastisch formuliert hat: „Ich bin eine Eier legende Wollmilchsau".

Zumeist sind die Citymanager städtische Bedienstete. In Einzelfällen ist Arbeitgeber eine privatrechtlich organisierte Citygemeinschaft, die (teilweise) einen städtischen Personalkostenzuschuss erhält.

City- und Centermanagement

◆ **Citymanagement**
  ⇨ das „Vermarkten" der City
◆ **Centermanagement**
  ⇨ das „Vermarkten" eines Einkaufszentrums
     (zumeist „auf der grünen Wiese")

Abbildung 14: City- und Centermanagement

2.5 Centermanagement

Es hat die Aufgabe, ein – zumeist auf der „grünen Wiese" errichtetes – integriertes Einkaufszentrum mit zahlreichen Einzelhandels- und Dienstleistungsangeboten zu „managen".

Dazu gehören die ständige Optimierung des Branchen-, Dienstleistungs- und Mietermix, die interne Standortverbesserung, die Planung und Koordination von Gemeinschaftsaufgaben (z.B. Bewachung, Reinigung und Pflege der ganzen Anlage), die Koordination der Werbeaktivitäten und die Schaffung kundenorientierter Logistiklösungen (z.B. Parkleitsysteme, Parkplätze, Ruhezonen).

3. Gründe, Notwendigkeiten, Ziele

Hier darf zunächst auf die Ausführungen in Kapitel II „Marketing – ein Erfolgsfaktor auch im öffentlichen Sektor?" verwiesen werden.

3.1 Gründe und Notwendigkeiten

Seit den 90er Jahren stehen die Städte und Gemeinden unter einem wachsenden Druck, der u.a. basiert auf

- einer sich verschärfenden Konkurrenzsituation in Bezug auf private Unternehmen z. B.: private Anbieter von Ver- und Entsorgungsleistungen

- einem sich vehement ausbreitenden Wettbewerb zwischen den Kommunen z.B.: das „Buhlen" um Einwohner, externe Benutzer von öffentlichen Einrichtungen (Hallen, Bäder, Bildungs- und Kultureinrichtungen) um Investoren und nicht zuletzt um ansiedlungswillige Industrie- und Gewerbebetriebe
- gestiegenen Anforderungen aus der Bürgerschaft sowie Qualitätsforderungen gegenüber kommunalen Leistungen z.B.: Warum gibt es in unserer Stadt keine weiterführenden Schulen? Wann wird die in die Jahre gekommene Schulsporthalle endlich renoviert? Warum gibt es bei uns noch keinen attraktiven öffentlichen Personennahverkehr? Bürger haben keinerlei Verständnis für die vom Gemeinderat beschlossene Freibadschließung (Dies ist eine zufällig ausgewählte „Stichwortsammlung" aus der Tagespresse)
- einer sich verschlechternden Finanzlage z.B.: Einbrüche bei der Gewerbesteuer – neue bundes- und landesgesetzliche Aufgabenübertragungen ohne Kostenlastenausgleich (z.B. Grundsicherung) – beachtliche Anhebung der Kreisumlage u.a.
- Druck aus der Kommunalpolitik (Stadt-, Gemeinderats- und Kreistagsfraktionen, politische Parteien) auf die Kreis-, Stadt- und Gemeindeverwaltungen, „neue Wege zur Lösung kommunaler Probleme und Engpässe zu finden, nachdem man von der großen Politik in Bund und Land weitgehend allein gelassen werde". Hinweis auf zahlreiche Veröffentlichungen in der Tagespresse, in Fachzeitschriften und den Publikationsorganen der kommunalen Landesverbände wie Landkreis-, Städte- und Gemeindetag bzw. Städte- und Gemeindebund
- der Erkenntnis, aus finanziellen, aber auch kommunalpolitischen Gründen zahlreiche öffentliche Aufgaben vor Ort nur noch zusammen mit privaten Dritten erfüllen zu können z.B.: zahlreiche erfolgreiche Public-Private-Partnership-Projekte im Bereich der kommunalen Infrastruktur
- auf der Tatsache, dass die Stadt- und Gemeindeentwicklung nicht allein durch die öffentliche Hand erfolgt, sondern zu einem Großteil von den Aktivitäten privater Akteure abhängig ist z.B.: Städte und Gemeinden schaffen in Form von Bauleit- und Fachplanungen zumeist die Rahmenbedingungen – die Realisierung der entsprechenden Bauvorhaben ist in der Regel Sache privater Bauherren und Investoren
- wachsender Kritik aus der Wirtschaft, die kommunale Bürokratie beschäftige sich zuviel mit sich selbst, aber zu wenig mit den für die Wirtschaft so unverzichtbaren optimalen Rahmenbedingungen. Man werde eher als Bitt- oder Antragsteller, denn als Kunde behandelt. z.B.: zu wenig attraktive Gewerbe- und Industriegebiete – steigende Gewerbesteuer-Hebesätze – ständige Erhöhung der Ver- und Entsorgungsentgelte – ungünstige Verkehrsanbindung und vieles mehr
- einer erhöhten Mobilität der (vieler) Menschen, die zu einer immer geringer werdenden Identifikation der Einwohner mit (ihrer) Stadt oder Gemeinde führt, in der sie leben

- auf den Forderungen aus der Bürgerschaft, nicht Objekt, sondern Subjekt des kommunalpolitischen Handelns zu sein, also mitreden und mitbestimmen zu dürfen im Sinne bürgerschaftlicher Möglichkeiten der Partizipation z.B.: das Vorhandensein zahlreicher Bürgerinitiativen wie auch die wachsende Zahl von Bürgerentscheiden zeigen, dass der Bürger in seiner Stadt oder Gemeinde „etwas zu sagen haben will!"

3.2 Ziele

Beim Stadt- oder Kommunalmarketing lassen sich unterscheiden

✓ **externe** Ziele

- Förderung des Images der Kommune durch Erhöhung ihres Bekanntheitsgrades und Steigerung ihrer Attraktivität
- Herbeiführung einer Identifikation von Auswärtigen (als Besucher, Gäste, erlebnis- und konsumorientierte Menschen, Investoren) mit d e r Kommune als bevorzugter, interessanter und zukunftsfähiger Ort des Arbeitens, des Einkaufens, des Wohnens, des unternehmerischen Investierens, der Kultur, Bildung und Freizeit, ja des Sich-wohl-Fühlens ganz allgemein

✓ **interne** Ziele

- Identifikation der Einwohner und örtlichen Akteure (Unternehmen, Vereine, gemeinnützige Organisationen u.a.) mit i h r e r Kommune sowie
- Entwicklung der Stadt oder Gemeinde zu einem attraktiven Standort für alle jene Menschen, die dort wohnen, arbeiten und ihre Freizeit verbringen.

Letztendlich soll mit dem Projekt „Stadt- und Kommunalmarketing" der (lohnenswerte) Versuch gemacht werden,

⇨ eine neue Kultur des „Miteinanders, des gegenseitigen Umgangs" zu erreichen.

In unserer modernen, sehr stark durch äußeren Status und Symbole geprägten Leistungsgesellschaft ist ein wenig in Vergessenheit geraten, dass in dem Wort „Kommune" die lateinische Ursilbe „com" steckt, was nichts anderes als „gemeinsam" bedeutet. Denn eine Stadt oder Gemeinde ist mehr als nur ein betriebswirtschaftliches Produkt, nicht nur eine Ansammlung von Häusern, Geschäften, Straßen und Einwohnern. Es sind vor allem die Menschen, deren Einstellungen, Verhaltensweisen, Auftreten und gegenseitiger Respekt den Geist, die Atmosphäre und das Flair einer Stadt oder Gemeinde ausmachen.

Daran zu erinnern, eine entsprechende Aufbruchstimmung „zu neuen Ufern" zu erzeugen, die Kräfte vor Ort zu bündeln und die unterschiedlichen Interessen und Meinungen auf ein gemeinsames Ziel auszurichten, das müsste es allemal wert sein, Stadt- und Kommunalmarketing zu einer großen Herausforderung, zu einer Gemeinschaftsaufgabe für (möglichst) alle Bewohner und örtlichen Akteure zu machen.

4. Rechtliche Grundlagen, Organisation und Rechtsform

Eine Stadt oder Gemeinde, die professionelles Stadt- und Kommunalmarketing betreiben will, muss sich zunächst mit einigen grundsätzlichen Fragen beschäftigen. Dazu gehören im Einzelnen die Einordnung dieser Aufgabe in den kommunalen Wirkungskreis, die organisatorischen Rahmenbedingungen und die Entscheidung über die rechtliche Qualität der für das örtliche Marketing verantwortlichen Institution.

4.1 Rechtliche Grundlagen

Die Ziele des Stadt- und Kommunalmarketing sind Bestandteil der kommunalen Selbstverwaltung im Sinne des Art. 28 II Grundgesetz. Zu dieser kommunalen Daseinsvorsorge gehört auch, die Stadt oder Gemeinde zukunftsfähig zu machen, also ihre Lebens- und Wettbewerbsfähigkeit zu sichern und damit auch das „Produkt Stadt oder Gemeinde" erfolgreich nach innen und nach außen zu „vermarkten".

Innerhalb des gemeindlichen Wirkungskreises (Hinweis auf die einschlägigen Vorschriften in den Landes-Gemeindeordnungen, beispielhaft sei § 2 der baden-württembergischen Gemeindeordnung genannt) ist Stadt- und Kommunalmarketing – im Grundsatz – eine freiwillige Aufgabe. Teilaspekte sind jedoch zuweilen in speziellen Gesetzen geregelt, wie etwa die Bauleitplanung und innerörtliche Sanierungsvorhaben im Baugesetzbuch und haben damit verpflichtenden Charakter.

Im Hinblick auf die nach wie vor großen kommunalen Finanzprobleme steht manche Stadt oder Gemeinde vor der Frage, sich überhaupt eine solche freiwillige Aufgabe wie kommunales Marketing leisten zu können oder zu dürfen. Denn selbstverständlich hat dieses Marketing auch seinen Preis.

Auf nähere Einzelheiten zu den Kosten des Stadt- und Kommunalmarketing wird weiter unten noch ausführlich eingegangen. Deshalb soll es hier bei der Feststellung bleiben, dass die Kommune zunächst einmal mit Kosten rechnen, also in eine finanzielle „Vorlage" treten muss. Diese Kosten aber werden sich später „amortisieren", vor allem dann, wenn das Projekt „Stadt- und Kommunalmarketing" zu einem „Volltreffer" geworden ist!

4.2 Organisatorische Grundüberlegungen

Mit *Töpfer* (1993, S. 71) werden als elementare organisatorische Rahmenbedingungen definiert:

✓ Stadt- und Kommunalmarketing kann nicht allein von der örtlichen ehrenamtlichen Kommunalpolitik und/oder der hauptamtlichen Stadt- oder Gemeindeverwaltung betrieben werden.

- ✓ Stadt- und Kommunalmarketing muss zu einer Gemeinschaftsaufgabe möglichst vieler örtlicher Einwohner und Akteure (z.B. Gewerbe, Handel und Handwerk, Vereine und Verbände, gemeinnützige Organisationen u.a.) werden.
- ✓ Stadt- und Kommunalmarketing sollte möglichst auch „neue Gesichter" einbinden, also nicht nur jene, die zumeist bei allen örtlichen Themen und Veranstaltungen als „Berufsfunktionäre" mit von der Partie sind.
- ✓ Stadt- und Kommunalmarketing muss zu einem kooperativen, partnerschaftlichen Miteinander zwischen öffentlichen und privaten Organisationen und Institutionen führen. Beide „Lager" müssen gleichberechtigt sein. Es muss der Grundsatz der Gleichordnung, nicht der Über- und Unterordnung gelten.
- ✓ Stadt- und Kommunalmarketing ist als ein offener Prozess zu betrachten, der zwar eines (offiziellen) „Startschusses" bedarf, der aber kein festgelegtes Ende kennt.

4.3 Wer erstellt die Marketing-Konzeption?

Hier bieten sich vor allem drei Modelle an:

- ✓ Erstellung durch Stadt- oder Gemeindeverwaltung

Vorteile:
- das vorhandene „Insiderwissen" der Verwaltung verhindert utopische, nicht umsetzbare Vorschläge
- Umsetzung der Vorschläge bzw. Realisierung der Maßnahmen wird dadurch erleichtert, dass die kommunalen Ämter und Einrichtungen von Anfang an in den Prozess der Entscheidungsfindung eingebunden sind
- preisgünstige Lösung

Nachteile:
- eventuell fehlende Erfahrung mit der Erstellung von Marketing-Konzepten
- möglicherweise verengte, zu sehr von den Verwaltungsinteressen geprägte Sicht
- und deshalb unter Umstände wenig neue Ideen
- mangelnde Akzeptanz bei den anderen Beteiligten

- ✓ „Einkauf" eines fertigen Marketing-Konzeptes bei einem externen Beratungsunternehmen, Werbeagentur, Kommunalberatungsunternehmen, Marktforschungsbetrieb u.a.

Vorteile:
- zumeist Erfahrung mit der Erstellung solcher Marketing-Konzepte
- „Blick über den Tellerrand", da landes- oder bundesweites Betätigungsfeld
- größere Akzeptanz, nicht zuletzt wegen des guten Namens und einer professionellen Präsentation

Nachteile:
- nicht immer individuelles, auf die jeweilige Stadt oder Gemeinde zugeschnittenes Konzept („Lösung von der Stange!")
- fehlende „Insiderkenntnisse" können zu wenig praktikablen Vorschlägen führen
- oftmals Skepsis bei jenen Stellen der Verwaltung, die die Vorschläge umzusetzen haben, zumal zumeist der Beratungsauftrag mit der Abgabe des Konzeptes beendet ist
- in der Regel eine sehr kostspielige Lösung.

✓ „Public-Private-Partnership"
Hier übernimmt die Stadt- bzw. Gemeindeverwaltung die Projektleitung, bedient sich bei der Erstellung des Marketing-Konzeptes aber weitgehend der örtlichen Interessen und des örtlichen Sachverstandes in der Form einer engen Zusammenarbeit zwischen den öffentlichen und privaten Beteiligten. Für Spezialaufgaben (z.B. Imageanalysen, Moderation, fachliche Beratung) werden externe Berater eingeschaltet.

Vorteile:
- die in der Kommune lebenden und agierenden Menschen und Gruppierungen kennen ihr Gemeinwesen am besten
- Bündelung der verschiedenen örtlichen Kräfte und Interessen mit der Ausrichtung auf gemeinsame Ziele
- Umsetzungsprobleme sind dort am besten lösbar, wo „Ideengeber" und „Ideenumsetzer" identisch sind
- eine besonders „preiswerte" Lösung, da die Beteiligten sich ehrenamtlich betätigen.

Nachteile:
- fehlendes „Marketing-Know-how" erschwert die Erstellung einer fachlich ausgereiften, professionellen Konzeption
- Gefahr, dass sich besonders aktive (und lautstarke) Interessengruppen zulasten anderer Gruppierungen oder der „schweigenden Mehrheit" durchsetzen
- Verzögerungen müssen unter Umständen in Kauf genommen werden.

Hinweis: Dieses Modell ist in der Praxis am weitesten verbreitet.

4.4 Interne Organisation

Soweit sich die Stadt oder Gemeinde für das Modell „Public-Private-Partnership" entschieden hat, bietet sich für die Erstellung der Marketing-Konzeption der folgende interne Organisationsaufbau an:

- Lenkungsgremium „Stadt- und Kommunalmarketing"

- Themenbezogene Arbeitsgruppen
- Stabsstelle „Stadt- und Kommunalmarketing"
- Ansprechpartner aus Stadt- oder Gemeindeverwaltung
- Moderator

Interne Organisation
☐ **Lenkungsgremium**   ⇨ „Regisseur" des Projekts   ☐ **Arbeitsgruppen**   ⇨ Erarbeitung des Konzept-Entwurfs   ☐ **Stabsstelle**   ⇨ Koordinator und „Sprachrohr" der Verwaltung   ☐ **Kommunale Ansprechpartner**   ⇨ Fachliche Unterstützung für Arbeitsgruppen   ☐ **Moderator**   ⇨ Steuerung der Projekt-Gruppenarbeit

Abbildung 15: Interne Organisation

Zu **Lenkungsgremium:**
Aufgaben
Es ist „Regisseur" und zentraler Motor. Zu den wichtigsten Aufgaben gehören
- ✓ Bestellung der Mitglieder in den Arbeitsgruppen
- ✓ Aufstellung des Zeitplanes
- ✓ Entgegennahme der Vorschläge aus den Arbeitsgruppen
- ✓ Entscheidung über den Entwurf „Marketing-Konzept"
- ✓ Präsentation der Ergebnisse im Gemeinderat

Zusammensetzung
Dem Gremium sollen engagierte Meinungsbildner angehören aus den Bereichen Banken und Sparkassen – Gastronomie und Hotellerie – Industrie – Handel und Gewerbe – Gewerkschaften – Kirchen und andere gemeinnützige Einrichtungen – Kultur- und Sportvereine – Bürgeraktionen einschließlich Bürgerinitiativen

Anmerkung: Die Fraktionen des Gemeinderats (und der Ortschaftsräte) sollten nicht unmittelbar mit ihren Mitgliedern vertreten sein. Es muss ihnen jedoch das Recht eingeräumt werden, „Vertreterinnen und Vertreter ihres Vertrauens" in das Lenkungsgremium zu entsenden.

Vorsitz

Mit der Leitung des Lenkungsgremiums „Stadt- und Kommunalmarketing" sollte der Oberbürgermeister bzw. Bürgermeister oder ein von ihm Beauftragter betraut werden.

Zu Arbeitsgruppen:

Sie leisten die eigentliche „programmatische Arbeit". Je nach der örtlichen Situation können solche Arbeitsgruppen für die folgenden Themen eingerichtet werden:

- Industrie, Handel, Gewerbe sowie öffentliche und private Dienstleistungen
- Städtebau, Wohnen, Umwelt, Verkehr
- Kultur und Bildung, Freizeit und Sport, Tourismus
- Soziales und Gesundheit (Kinder, Jugendliche, Senioren, ausländische Mitbewohner).

Diese Arbeitsgruppen können interessierte Bürgerinnen und Bürger als „sachkundige Einwohner" hinzuziehen. Des Weiteren besteht die Möglichkeit, zu einzelnen Themen auch Sachverständige einzuladen. Den Vorsitzenden berufen die Arbeitsgruppen aus ihrer Mitte, ebenso den Protokollanten.

Zu Stabsstelle „Stadt- und Kommunalmarketing":

Bei der Stadt- bzw. Gemeindeverwaltung sollte eine Stabsstelle eingerichtet werden, die unmittelbar dem Oberbürgermeister bzw. Bürgermeister unterstellt ist. Diese Stelle versieht das eigentliche „Marketing-Management". Als für das Stadt- und Kommunalmarketing „federführende Stelle" in der Verwaltung obliegen ihr folgende Aufgaben:

- Bündelung der verschiedenen Interessen und Vorschläge innerhalb der Stadt- bzw. Gemeindeverwaltung
- Ansprechpartner für Externe (örtliche Gruppen, einzelne Bürger)
- Kontaktperson für die Massenmedien.

Hinweis: In den meisten Städten und Gemeinden werden die Aufgaben der Stabsstelle einer Mitarbeiterin bzw. einem Mitarbeiter der Verwaltung übertragen (z.B. Leiter des Hauptamts, Pressesprecher)

Zu Ansprechpartner aus Stadt- oder Gemeindeverwaltung:

In der Praxis hat sich bewährt, dass jeder Arbeitsgruppe ein Vertreter der Verwaltung als Ansprechpartner zur Verfügung steht. Seine Aufgabe ist es, die Mitglieder der Arbeitsgruppen – auf deren Wunsch hin – zu beraten. Er sollte in den Sitzungen nicht die „erste Geige spielen" wollen oder sich gar als „Verwaltungsaufpasser" verstehen, sondern die Arbeitsgruppe mit fachlichem Rat unterstützen, soweit dies gewünscht wird.

Beispiel:

- in Arbeitsgruppe   *Städtebau, Wohnen, Umwelt, Verkehr* ⇨ Ansprechpartner aus Bauamt
- in Arbeitskreis   *Soziales* ⇨ Ansprechpartner vom Sozialamt

Zu **Moderator:**
Hilfreich ist es, den gesamten Prozess der Konzepterstellung durch einen externen Moderator begleiten zu lassen. Seine Aufgaben sind vor allem

- allgemeine Beratung der Stadt oder Gemeinde in Bezug auf das Stadt- und Kommunalmarketing
- methodische und fachliche Betreuung und eventuelle Vorbereitung der Sitzungen der Arbeitsgruppen
- Koordination der Tätigkeit der Arbeitsgruppen
- Überwachung der Einhaltung des Zeitplanes
- Mitwirkung bei der Erstellung des Entwurfs „Marketing-Konzept"
- Unterstützung bei der Präsentation der Konzeptentwurfs im Gemeinderat

Hinweis: Der Moderator muss kein Profi aus einem externen Beratungsunternehmen sein. Es ist durchaus vorstellbar, dass die Aufgaben der Moderation auch durch einen in der Kommune lebenden Bürger wahrgenommen werden. Allerdings muss dieser über ein entsprechendes Fachwissen zum Thema „Stadt- und Kommunalmarketing" verfügen und Erfahrungen im Führen und Betreuen von Arbeits- und Projektgruppen besitzen. Ohne diese Fach- und Sozialkompetenz kann eine solche Moderation nicht erfolgreich bewältigt werden. Da die (erforderliche) Autorität des Moderators auch viel von seiner unabhängigen, nicht weisungsgebundenen Position abhängt, sollte eine Mitarbeiterin oder ein Mitarbeiter der Stadt- oder Gemeindeverwaltung nur ausnahmsweise mit einer solchen Moderation betraut werden.

4.5 Die Rolle des Gemeinderats

Wie in Abschnitt 5.5 „Die Akteure im Stadt- und Kommunalmarketing" näher beschrieben, gehört das Organ „Gemeinderat" zu den öffentlichen Beteiligten. Als Hauptorgan der Stadt bzw. Gemeinde (siehe § 24 Abs.1 der baden-württembergischen Gemeindeordnung) trifft er alle in der Kommune anstehenden Grundsatzentscheidungen.

Im Zusammenhang mit der Aufstellung einer Marketing-Konzeption ist vor allem an die folgenden Punkte zu denken:

- eventuelle Initiierung des Themas „Stadt- und Kommunalmarketing"

- Grundsatzbeschluss darüber, dass und in welcher Form die freiwillige Aufgabe „Stadt- und Kommunalmarketing" in Angriff genommen werden soll
- eventueller Beschluss über die Beauftragung eines externen Beratungsunternehmens
- Bereitstellung der erforderlichen Finanzmittel
- Entscheidung über den ihm vorgelegten Entwurf einer Marketing-Konzeption

4.6 Rechtsform

Hier sind zwei zeitlich unterschiedliche Phasen zu unterscheiden:

✓ Phase „Einführung des Stadt- und Kommunalmarketing"

Hier gibt es in der kommunalen Praxis recht unterschiedliche Regelungen:

- **Lose vereinbarte Form** der Zusammenarbeit zwischen der Stadt- oder Gemeindeverwaltung und den privaten Einzelnen oder Gruppen. Die Federführung liegt zumeist bei der örtlichen Kommunalverwaltung.

- Gründung eines eingetragenen **Vereins**
  Mitglieder sind neben der Stadt oder Gemeinde einzelne Bürgerinnen und Bürger sowie die örtlichen Gewerbe- und Handelsvereine bzw. der Bund der Selbständigen, Verkehrsvereine u.a. Diese Organisation ist in der Praxis häufig unter der Firmierung „Stadtmarketingverein" bekannt.

- Installierung einer **GmbH**
  Vor allem, soweit sich die Wirtschaft in stärkerem Maße im Stadt- und Kommunalmarketing engagiert, steht häufig die privatrechtliche, in der Wirtschaft oft praktizierte Rechtsform im Vordergrund.

Fazit

In den meisten Städten und Gemeinden spielt die Rechtsform in der Einführungsphase eine untergeordnete Rolle. Zumeist beginnt der Prozess des Stadt- und Kommunalmarketing ohne eine institutionalisierte Einrichtung. Manpower und Sachausstattung werden in der Regel von der Stadt- oder Gemeindeverwaltung (kostenlos) zur Verfügung gestellt.

✓ Phase „Umsetzung des Marketing-Konzeptes"

Hier geht es u.a. um die Bereitstellung finanzieller Mittel sowie um die unterschiedlichsten rechtlichen Bindungen (z.B. Erteilung von Aufträgen, Einstellung von Personal). Dies macht ein „rechtlich handlungsfähiges Organisationsgebilde" notwendig, so dass sich hier die Rechtsform eines Vereins oder einer GmbH anbietet.

Fazit

Die Praxis gibt hier kein einheitliches Bild ab. Neben eingetragenen Vereinen und GmbH's gibt es auch die Organisationsform des „Citymanagers", dem das operative wie auch teilweise das strategische „Marketinggeschäft" übertragen ist.

Das **Ziel** einer jeden Organisationsform muss sein, die Zusammenarbeit zwischen den politischen Mandatsträgern (Gemeinderat, Ortschaftsrat), der Stadt- und Gemeindeverwaltung, den Institutionen der Wirtschaft sowie den verschiedenen örtlichen Gruppen und Einzelpersonen sowohl bei der Entscheidungsfindung als auch bei der Umsetzung der Maßnahmen möglichst effizient und sachorientiert zu gestalten.

5. Die Akteure im Stadt- und Kommunalmarketing

5.1 Vorbemerkung

Wie schon dargelegt, ist Stadt- und Kommunalmarketing keine „Exklusivveranstaltung" der jeweiligen juristischen Person und Gebietskörperschaft „Stadt oder Gemeinde", verantwortlich gestaltet und „regiert" durch die beiden Verwaltungsorgane „Gemeinderat" und „Bürgermeister".

Im Idealfall wird das Stadt- und Kommunalmarketing vor Ort zu einer Gemeinschaftsveranstaltung, mit möglichst vielen öffentlichen und privaten Beteiligten, dominiert von den vier K's *Kommunikation, Konsens, Kooperation* und *Koordination*. Selbstverständlich sind – zumindest in der Startphase – deren Interessen recht unterschiedlicher Natur. Einerseits belebt und bereichert diese Meinungs- und Interessenvielfalt den Marketingprozess und verhindert damit eine zu einseitig-engstirnige Denk- und Betrachtungsweise. Andererseits aber hängt der Erfolg eines kommunalen Marketing entscheidend davon ab, dass die verschiedenen Ansichten, Wünsche, Forderungen und Bedürfnisse letztendlich „unter einen Hut" gebracht werden. Deshalb muss zunächst einmal eine „Gesprächs- und Vertrauenskultur" vereinbart und selbstverständlich auch gelebt werden. Das für alle verbindliche Motto sollte lauten:

„Wir wollen miteinander, nicht übereinander reden!" Die vielen unterschiedlichen Wege müssen letztendlich zu einem gemeinsamen Ziel führen.

Dem Moderator – frei übersetzt „Mäßiger" – kommt hier eine wichtige, ja für das Gelingen des „Werkes" vielleicht entscheidende Rolle zu. Er muss dafür sorgen, dass

- ✓ jeder Beteiligte die Chance hat, zu Wort zu kommen, also auch die eher „Stillen im Lande",
- ✓ auch das „Undenkbare gedacht werden darf",
- ✓ die Achtung vor der (konträren) Meinung anderer Beteiligten zu einer Selbstverständlichkeit wird,
- ✓ alle Beteiligten die Erkenntnis „verinnerlichen", dass Kompromisse nichts Schlechtes, sondern ein wesentlicher Bestandteil des menschlichen Zusammenlebens sind,
- ✓ jede Diskussion „irgendwann auch einmal" zu einem Ergebnis im Sinne eines Konsenses führen muss,

- ✓ ein solches Marketing-Konzept nur das Resultat einer Teamarbeit sein kann und dass deshalb möglichst bald ein „Wir-Gefühl" unter den Beteiligten entsteht.

5.2 Öffentliche Beteiligte

- ✓ die jeweilige Stadt oder Gemeinde (einschließlich der Gemeinderats- und Ortschaftsratsgremien sowie der Stadt-, Gemeinde- und Ortschaftsverwaltung)
- ✓ benachbarte Städte und Gemeinden im Rahmen einer Verwaltungsgemeinschaft oder eines Zweckverbandes
- ✓ überörtliche Touristik- bzw. Fremdenverkehrsorganisationen
- ✓ am Ort vorhandene öffentliche Behörden wie z.B. Landratsamt, staatliche Sonderbehörden

5.3 Private Beteiligte

Zu den **wirtschaftlichen Interessengruppen** gehören vor allem:

- ✓ Handel, Handwerk, Gastronomie u.a. (oftmals im „Bund der Selbständigen" organisiert)
- ✓ Industrie
- ✓ Banken und Versicherungen
- ✓ Gewerkschaften
- ✓ Landwirtschaft
- ✓ Grundstückseigentümer wie auch Mieter und Pächter
- ✓ private Investoren

Bei den eher **ideellen Interessengruppen** sind zu nennen:

- ✓ Kultur- und Sportvereine
- ✓ Bürgerinitiativen
- ✓ kirchliche und soziale gemeinnützige Einrichtungen (z.B. Deutsches Rotes Kreuz, Verkehrswacht, Arbeiterwohlfahrt, Samariterbund)
- ✓ Schulen, Volkshochschulen
- ✓ Einzelpersonen

Hinweis: Eine wichtige Rolle beim Stadt- und Kommunalmarketing spielen auch die örtlichen Massenmedien (insbesondere Tageszeitungen und lokaler Rundfunk). Es sollte versucht werden, sie in das Stadt- und Kommunalmarketing „einzubinden". Dies kann – im Idealfall – dadurch geschehen, dass Vertreter der Massenmedien z.B. im Lenkungsgremium Mitglied sind. Soweit dies nicht gelingt, sollten die Massenmedien durch eine ständige, umfassende und vor allem rechtzeitige Information zu „Mitwissenden" gemacht werden. Eine solche, durch Offenheit und Fairness geprägte Informationspolitik zahlt sich zumeist auch in Form einer die Marketingaktivitäten mit Interesse und Wohlwollen begleitenden Berichterstattung aus.

5.4 Externe Beratungsunternehmen

Für zahlreiche private Beratungsunternehmen ist das Stadt- und Kommunalmarketing schon seit Jahren zu einem neuen, interessanten Betätigungsfeld geworden. Der Einsatz privater Berater reicht von der Moderation der Arbeitskreise vor Ort bis hin zur Erstellung einer kompletten Marketing-Konzeption. Grabow/Hollbach-Grömig (1998, S. 109) zählen als weitere Funktionen auf, zu denen externe Berater herangezogen werden können

- ✓ Impulsgeber in der Initiierungsphase
- ✓ Coaches für den Prozessablauf
- ✓ Fachleute für bestimmte Themen oder als
- ✓ Beauftragte für die Wahrnehmung bestimmter Aufgaben, z.B. das Betreiben eines Projektbüros, die Organisation des Verfahrens usw.

Der „Einkauf" von privatem Sachverstand ist vor allem eine Geldfrage. Dort, wo das notwendige „Marketing-Know-how" vorhanden ist, sollte auf den Einsatz privater Berater verzichtet werden. Es ist in der heutigen, durch die öffentliche Finanznot geprägten Zeit kaum verantwortbar, nur aus Prestigegründen ein renommiertes Beratungsunternehmen zu engagieren. Dort, wo der erforderliche Sach- und Fachverstand jedoch fehlt, geht es nicht ohne externe Unterstützung. In diesem Falle muss viel Mühe und einige Zeit investiert werden, um „die richtigen Berater" zu finden. Dabei ist im Vorfeld zu klären,

- ✓ wie viele Finanzmittel für das Vorhaben (im günstigsten Falle) zur Verfügung stehen,
- ✓ welche Leistungen intern erbracht werden können,
- ✓ welche Leistungen von Externen benötigt werden,
- ✓ welche Stadt oder Gemeinde mit welchem Beratungsunternehmen welche Erfahrungen gemacht hat.

Wichtig bei der Auswahl ist, dass Qualität Vorrang vor dem (günstigen) Preis haben muss!

Passfähigkeit des Angebots	
Passt das Angebot zur Ausschreibung?	Ist ein individuelles, maßgeschneidertes Angebot erkennbar oder wirkt es eher wie ein Standardangebot aus der Schublade? Wenn das Angebot von der Ausschreibung abweicht: Wird dies begründet?
Deckt sich das Marketingverständnis des Beraters mit den Vorstellungen der Stadt?	Wenn Elemente ausgelassen werden: Wird dies begründet?
Welche Arbeitsschritte und Elemente werden vorgeschlagen?	Wenn Elemente ausgelassen werden: Wird dies begründet?
Kompetenz und Referenzen	
Ist die Firma im Bereich Stadtmarketing ausgewiesen?	Auf Stadtmarketing spezialisierte Berater sind prominenten Allround-Beratern, die im Stadtmarketing wenig Erfahrungen haben, vorzuziehen.
Wurden Referenzstädte mit Ansprechpartnern angegeben?	Beziehen sich die Referenzen auf den konkreten Beratungsbedarf? Nachfrage: Sind die Referenzstädte mit der Beratungsleistung zufrieden?
Wenn erforderlich: Hat die Firma Erfahrungen mit empirischen Analysen?	Wichtig z.B. bei vorgesehenen Umfragen oder Stärken-/Schwächen-Analysen; und: Besteht die Möglichkeit zum Städtevergleich?
Welche Moderationstechniken werden angewandt?	Sind die Moderationstechniken auf dem Stand der Zeit? Werden Alternativen angegeben?
Person des Beraters	
Wird angegeben, wer das Projekt tatsächlich betreut?	Akquisition und Projektdurchführung werden oft von unterschiedlichen Personen betrieben; entscheidend ist, wer das Projekt konkret bearbeitet; nicht unerheblich ist die gleiche „Wellenlänge" bei Auftraggebern und Auftragnehmern bzw. Bearbeitern.
Sind die Projektbetreuer fest angestellte Mitarbeiter der Firma?	Manche Firmen versuchen, Kapazitätsschwankungen mit Zeitkräften zu überbrücken, die in der Regel wenig Erfahrung haben; Erfahrungswissen ist nur bei Personen vorhanden, die bereits länger im Metier arbeiten.
Externe versus lokale/regionale Anbieter	
Hat die Firma/der Berater bereits Erfahrungen mit der Situation vor Ort?	Pro: Vor-Ort-Kenntnisse; Kontra: mögliche Voreingenommenheit, geringere Bereitschaft der Akteure zur Offenheit. Akzeptanz kann größer, aber auch kleiner sein; hängt von der Situation ab.
Wie groß ist die Flexibilität bei Terminen?	Problem bei Externen ist oft die weite Anreise, die Notwendigkeit zur Blockung von Terminen und geringe Flexibilität.
Kosten/vertragliche Vereinbarungen	
Kostenvergleich	Sind die Kosten vergleichbar, sind alle Aufwendungen eingerechnet?
Ist die Kostenaufstellung gut aufgegliedert, transparent und nachvollziehbar?	
Sind die Zeitvolumina plausibel?	Was hätte man selbst kalkuliert?
Gibt es leistungsbezogene Klauseln?	Es sollte gewährleistet sein, dass die Kommunen nur im Gegenzug nach der Erfüllung vereinbarter Leistungen leistungspflichtig werden; reine zeitbezogene Verträge beinhalten die Gefahr, dass „nachgelegt" werden muss.
Teilbeträge/Rücktrittsklauseln?	Wichtig bei ungenügender Leistungserfüllung.

Abbildung 16: Auswahl von Beratungsunternehmen

Quelle: Grabow/Holbach-Grömig, S. 116

5.5 BID (= Business Improvement Districts)
Bisher: Prinzip der Freiwilligkeit

Die Mitwirkung privater Akteure im Stadt- und Citymarketing beruht bisher auf dem ➲ Prinzip der Freiwilligkeit. Die Folge ist: Es gibt zahlreiche „Trittbrettfahrer". Diese partizipieren an den Erfolgen des Marketing, ohne sich ideell und finanziell daran zu beteiligen.

BID: Begriff und Ziele

BID = Business Improvement Districts. Man versteht darunter ein „Bündnis für Investitionen und Dienstleistungen". Solche Einrichtungen, die räumlich und zeitlich begrenzte Gebiete besonderer Stadtmarketing-Aktivitäten sind, gibt es seit über 30 Jahren in Kanada, den USA, Südafrika, Australien, Neuseeland und seit 2003 auch in Großbritannien.

Mit den BIDs sollen eine wirkungsvolle Umfeldverbesserung und Attraktivitätssteigerung erreicht werden. Im Gegensatz zu dem bisher praktizierten Citymarketing sind bei den BIDs die räumlichen Grenzen enger gesteckt (z.b. Straße, Block, Quartier). Der Vorteil ist, dass die Maßnahmen konkreter sind und damit die Ausgangsprobleme gezielter bewältigen können. Des Weiteren sollen die BIDs den Einkaufszentren „auf der grünen Wiese" Paroli bieten.

Während beim klassischen Citymarketing die Stadtverwaltung bzw. der bei ihr angestellte Citymanager die Regie innehat, geht beim BID die Initiative zumeist von Vertretern der privaten Wirtschaft, des Einzelhandels, Gastronomen, Dienstleistern und Grundstückseigentümern aus. Sie schließen sich in einem bestimmten städtischen Gebiet (business distric) für eine bestimmte Zeit (zumeist 5 Jahre) zusammen, um gemeinsam Verbesserungen (improvement) für dieses Quartier durchzuführen. Die Kosten werden auf die Grundstückseigentümer umgelegt und über eine Abgabe – zumeist durch die Finanzbehörde – eingezogen.

Nach Schätzungen des Deutschen Einzelhandelsverbandes gibt es weltweit derzeit 4.000 BIDs.

Stadtstaat Hamburg als deutscher Vorreiter

Als erstes Bundesland hat der Stadtstaat Hamburg mit seinem „Gesetz zur Stärkung der Einzelhandels- und Dienstleistungszentren" vom 28.12.2004 – inkraftgetreten am 1.1.2005 – eine Rechtsgrundlage für die BIDs geschaffen.

Die beiden ersten Projekte im Stadtteil *Bergedorf* und der *Neue Wall* in Hamburgs City sind inzwischen angelaufen.

Schleswig-Holstein, Bremen und Hessen sind gefolgt – andere Bundesländer wie etwa Niedersachsen und Saarland diskutieren darüber. Bayern und Nordrhein-Westfalen wollen auf ein Gesetz verzichten und setzen stattdessen mit finanziellen Anreizen auf Freiwilligkeit. In Baden-Württemberg will man zunächst einmal die Erfahrungen mit den BID-Projekten abwarten, ehe es zu einer Entscheidung kommen soll.

Bewertung des BID-Projekts in vier Thesen

These ❶

Das BID-Projekt ist ein interessanter Ansatz, im Stadt- und Citymarketing möglichst alle betroffenen (und damit auch zumeist begünstigten) Akteure in das „gemeinsame Marketing-Boot" zu holen.

These ❷

Damit ist gewährleistet, dass die „Lasten" des kommunalen Marketing von allen Begünstigten gemeinsam getragen würden. Zugleich könnte dies auch das „Wir-Gefühl", also die Identifizierung der örtlichen Akteure mit „ihrer" Stadt oder Gemeinde, steigern.

These ❸

Unstrittig ist inzwischen, dass aus rechtsstaatlichen Gründen ein entsprechendes Landesgesetz notwendig ist, um in den Städten und Gemeinden BID-Projekte durchführen zu können.

These ❹

Nach wie vor erscheint das „Prinzip Freiwilligkeit" im Stadt- und Citymarketing gegenüber dem „verordneten Zwang" die bessere, wenn auch mühsamere Lösung zu sein. Es muss das Ziel sein, möglichst a l l e von der Notwendigkeit eines gemeinsamen Handelns zu überzeugen und zum Mitmachen bei gemeinsamen Aktivitäten zu gewinnen.

6. Ablauf des Stadt- und Kommunalmarketing-Prozesses

6.1 Vorbemerkung

Stadt- und Kommunalmarketing zu betreiben hat nichts mit Mode, Zeitgeist, Launen und Stimmungen zu tun. Vielmehr setzt sie Beständigkeit und Nachhaltigkeit voraus, d.h. sie muss konzeptionell ausgerichtet sein.

Wie für jedes private Unternehmen, so gilt auch für die Stadt und Gemeinde:

⇨ Unternehmerisches bzw. kommunales Handeln hat nur dann Erfolg, wenn ihm eine schlüssige, ganzheitliche und unternehmens- bzw. kommunaladäquate Planung, also eine Marketing-Konzeption zu Grunde liegt.

In Anlehnung an Becker (2006, S. 4) und Meffert (2000, S. 62) setzt eine solche Marketing-Konzeption gut abgestimmte Entscheidungen

⇨ auf d r e i konzeptionellen Ebenen voraus, nämlich auf der

ZIEL – Ebene		„Wo wollen wir hin?"
(= Marketing-Ziele als Bestimmung der „Wunschorte")		
STRATEGIE – Ebene		„Wie kommen wir dahin?"
(= Marketing-Strategien zur Festlegung der „Route")		
MASSNAHMEN – Ebene		„Was müssen wir dafür einsetzen?"
(= Marketing-Mix als Wahl der „Beförderungsmittel")		

6.2 Der Ablauf auf einen Blick: Das Sieben-Phasen-Modell

Phase ❶	Initialisierung	Wer gibt den Startschuss?
Phase ❷	Situationsanalyse	Wie ist die Lage?
Phase ❸	Konzeption	Was wollen wir?
Phase ❹	Entscheidung	Was soll gemacht werden?
Phase ❺	Umsetzung (Realisierung)	Wer macht wann was wie?
Phase ❻	Kontrolle	Was haben wir erreicht?
Phase ❼	Fortschreibung	Wie geht es weiter?

Abbildung 17: Sieben-Phasen-Modell

6.3 Phase 1: Initialisierung

Aufgabe

⇨ In Gang setzen bzw. „Anschieben" des Stadt- und Kommunalmarketing-Prozesses

Initiatoren

Grundsatz: Die Anregung im Sinne eines „Startschusses" kann grundsätzlich von jedem ausgehen, der Interesse an dem Thema hat. Dies können sein:

- ✓ Stadt- oder Gemeindeverwaltung (Verwaltungsspitze, Amtsleiter, Mitarbeiter)
- ✓ Gemeinderat (Fraktionen oder einzelne Mitglieder)
- ✓ örtlicher Bund der Selbständigen bzw. Einzelhändler- oder Werbegemeinschaft
- ✓ örtliche politische Parteien oder Wählervereinigungen

✓ Massenmedien (z.B. örtliche Tageszeitung)
✓ einzelne Personen.

Der Initiator ist bestrebt, Stadt- und Kommunalmarketing zu einem die Öffentlichkeit interessierenden Thema zu machen, indem er z.b. einen Leserbrief schreibt, einen Journalisten dafür gewinnt, dieses Thema in der Zeitung aufzugreifen oder indem der Initiator zu einer Informationsveranstaltung – eventuell mit einem Marketingexperten als Referenten – einlädt.

Diese Startsitzung wird oftmals auch als eine „Kick-Off-Veranstaltung" bezeichnet.

Gremium
Damit die Initiative nicht „im Sande verläuft", sollte sich am Ende der Initialisierungsphase ein Gremium (z.b. Arbeitskreis, Interessengruppe) bilden, das sich mit den künftigen Schritten zur Erstellung einer Marketing-Konzeption beschäftigt.

Zumeist ist dieses Gremium zunächst ein lose organisierter Arbeitskreis; die Gründung eines Vereins „Stadt- und Kommunalmarketing" ist in der Praxis eher die Ausnahme. In der Startphase stellen sich häufig – und zumeist von einigen „Machern" forciert – zwei grundsätzliche Fragen:

✓ Soll man gleich mit Einzelmaßnahmen – oftmals recht spektakulär und damit in der Öffentlichkeit Aufmerksamkeit erregend – beginnen (Motto: „Keiner kennt das Ziel, aber alle machen mit!") oder
✓ wäre es nicht sinnvoller, zunächst ein Gesamtkonzept zu erstellen, um damit Klarheit (und Konsens) über die angestrebten Ziele zu erreichen? (Motto: „Wir fangen erst an, wenn wir wissen, was wir wollen!")

Soviel ist sicher: Es gibt hier nicht nur eine richtige Antwort! Vielmehr sollte man das eine tun und das andere nicht lassen. Dies bedeutet: Soll Stadt- und Kommunalmarketing nicht zum reinen Aktivismus, zur Wichtigtuerei oder Modeerscheinung verkommen, dann bedarf es eines gedanklichen Handlungsentwurfs im Sinne eines längerfristig wirkenden Konzeptes. Dies kann und soll die Akteure aber nicht daran hindern, schon lange in der Stadt oder Gemeinde vorhandene, für die meisten offensichtliche Mängel (z.B. die Ortseingänge als viel kritisierte „Schandflecken") kurzfristig zu beseitigen.

6.4 Phase 2: Situationsanalyse
Zweck
⇨ Feststellung der Ausgangslage der Stadt bzw. Gemeinde (= Beschreibung des Ist-Zustandes bzw. Erstellung eines Ist-Profils) *Wer sind wir? bzw. So ist es!*

Mit der Situationsanalyse soll ermittelt werden,
✓ welche STÄRKEN und SCHWÄCHEN,
✓ welche CHANCEN und RISIKEN

besitzt die Stadt bzw. Gemeinde im Vergleich zu anderen, als Wettbewerber definierten Kommunen.

Sie erfüllt nur dann ihren Zweck, wenn sie *ehrlich, gründlich* und möglichst *vollständig* ist. „Sich schöner reden als man ist" bringt ebenso wenig wie „Tiefstapeln im Sinne von Miesmachen!"

Die Situationsanalyse ist die Grundlage für alle folgenden Phasen.

Vorgehensweise
Empfehlenswert, da in der Praxis bewährt, ist die „Zwei-Schritt-Methode".

Schritt 1:
Zunächst werden die eigenen Stärken und Schwächen der Stadt bzw. Gemeinde ermittelt. Dies geschieht durch die

⇨ Potenzialanalyse (= kommunalinterne Situation)

Dies ist ein Verfahren der strategischen Situationsanalyse, bei dem die vorhandenen finanziellen, physischen, organisatorischen und technologischen Ressourcen der Stadt bzw. Gemeinde (z.b. geografische Lage, Einwohnerzahl, Wirtschafts- und Finanzkraft, vorhandene öffentliche Einrichtungen) im Hinblick auf deren Verfügbarkeit, Ausmaß und Relevanz für strategische Entscheidungen überprüft werden.

Ziel: Aufzeigen des Fähigkeitspotenzials der Stadt oder Gemeinde.

Gleichzeitig sind die infrage kommenden potenziellen Wettbewerber als Unternehmensstandort, Wohn-, Einkaufs- oder Tourismusort zu definieren. Dies geschieht durch die

⇨ Konkurrenzanalyse (= Umweltsituation)

Hier stellen sich zunächst zwei Fragen:

✓ Wer sind die Konkurrenten?

✓ Wie verhalten diese sich auf dem jeweiligen Markt?

Um diese Fragen beantworten zu können, sind Informationen notwendig über die Ziele, Zielgruppen und Marketing-Aktivitäten der Wettbewerber.

Das eigentliche Problem ist, sich die entsprechenden Zahlen und Daten der Wettbewerber zu beschaffen. Offizielle Quellen sind u.a. die Statistischen Ämter von Bund und Land, Verbände, Brancheninformationsdienste. Hilfreich kann auch die Auswertung von Tageszeitungen und Pressemitteilungen sein; ebenso eine Einsichtnahme in Haushalts- und Wirtschaftspläne, Geschäfts- und Jahresberichte. Informationen können auch bezogen werden über das Internet, Prospekte, Kataloge.

Das Verknüpfen der (eigenen) Potenzialanalyse mit der (fremden) Konkurrenzanalyse ergibt die

⇨ Stärken-Schwächen-Analyse.

Schritt 2:
Anschließend werden eine Umfeldanalyse und eine Marktanalyse durchgeführt. Bei der

⇨ Umfeldanalyse („Makro-Umwelt")

geht es darum, Auskunft über die aktuellen und potenziellen, von der Kommune nicht direkt beeinflussbaren strategischen Probleme zu bekommen. Dadurch steckt die Umfeldanalyse den Möglichkeitsraum strategischen Handelns für die Kommune ab. Es sollen also Informationen erhalten werden über die künftige Entwicklung der ökonomischen, soziokulturellen, gesetzlich-politischen, technologischen und ökologischen Umwelt.

Für jeden einzelnen Umwelttrend (z.b. weitere Steigerung des Gesundheitsbewusstseins der Bevölkerung) wird geprüft, welche Bedeutung er für die Kommune hat oder haben könnte. Gefragt wird u.a. nach der Entwicklung

- ✓ der Bevölkerung (zahlenmäßig und demografisch)
- ✓ der öffentlichen, insbesondere der kommunalen Finanzen
- ✓ der Freizeitgewohnheiten
- ✓ des Wohnens und des Wohnumfeldes
- ✓ potenzielle Trends im Einkaufsverhalten
- ✓ von Umweltstandards
- ✓ neuer Technologien usw.

Hinweis: Hier liegen zumeist keine gesicherten Daten vor, sondern eher Prognosen, die deshalb mit der notwendigen Zurückhaltung zu bewerten sind.

Bei der

⇨ Marktanalyse

geht es darum, die aktuellen und potenziellen Marktpartner (z.B. Besucher, Gäste, Touristen, Einkaufende, Investoren ansiedlungswillige Unternehmen) zu beobachten. Stichworte hierzu:

- ✓ in Stadt oder Gemeinde vorhandene Kaufkraft
- ✓ Kaufkraftabfluss hiervon
- ✓ Marktpotenzial, -volumen, -wachstum in bestimmten Bereichen
- ✓ potenzielle Kunden für Innenstadt oder bestimmte öffentliche Einrichtungen (Bäder, Hallen, Märkte)
- ✓ Mobilitätsaspekte (ÖPNV, Parkangebote (zahlenmäßig, preislich)

Das Verknüpfen der Umfeldanalyse mit der Marktanalyse ergibt die

⇨ Chancen-Risiken-Analyse.

Hinweis

In der Praxis vollzieht sich die Situationsanalyse vor allem in der Form einer Potenzial- und Konkurrenzanalyse, aus denen sich dann die Stärken-Schwächen-Analyse ergibt.

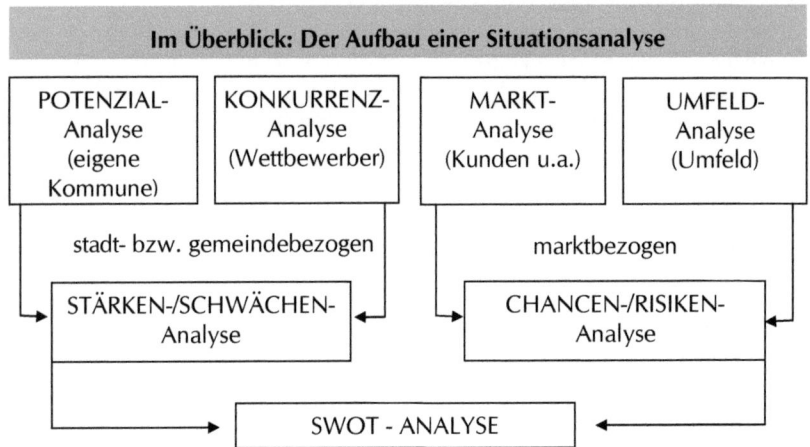

Abbildung 18: SWOT-Analyse

Erläuterungen

✓ **SWOT-Analyse**

Dies ist eine Analyse der gegenwärtigen und zukünftigen Situation der Stadt bzw. Gemeinde und ihrer Umwelt

Sie setzt sich zusammen aus

- den *Strength/Stärken* und *Weakness/Schwächen* der „Kommunalanalyse" (Unternehmensanalyse) und
- den *Opportunities/Chancen* und *Threats/Risken* der „Umweltanalyse".

✓ **Unterschiede**

Bei der **Stärken-Schwächen-Analyse** wird die d e r z e i t i g e Situation (Struktur, Ressourcen, Lage, Preise u.a.) der Stadt bzw. Gemeinde anhand von bestimmten Bewertungskriterien (z.B. Attraktivität des Standortes, Standort-Konditionen) im Vergleich zu anderen Städten bzw. Gemeinden dargestellt (Potenzial- und Konkurrenzanalyse)

Bei der **Chancen- und Risiken-Analyse** werden Chancen und Risiken analysiert, die für das k ü n f t i g e Stadt- und Kommunalmarketing bedeutend sind.

Stadt-, City- und Kommunalmarketing

Die Chancen und Risiken einer Stadt oder Gemeinde ergeben sich aus

- Rahmenbedingungen im wirtschaftlichen, politischen und geografischen Umfeld und deren Veränderungen sowie
- Werten, Einstellungen, Bedürfnissen und Wünschen der relevanten Zielgruppen und deren Veränderungen.

✓ **Informationsbeschaffung**

Instrumente der Informationsbeschaffung können sowohl die

- **Sekundärforschung** (z.B. Daten aus amtlichen Statistiken, Informationen der kommunalen Landesverbände, Veröffentlichungen von wissenschaftlichen Instituten sowie Daten aus eigenen Quellen wie Jahres- und Geschäftsberichte, Haushalts- und Wirtschaftspläne, Jahresrechnungen u.a.)

als auch die

- **Primärforschung** (z.B. eigene Umfragen zu Themen des Stadt- und Kommunalmarketing)

sein.

6.5 Phase 3: Konzeption

Aufgabe

⇨ Festlegung der **Leitidee**
  („Was wollen wir sein?") und

⇨ Bestimmung der – konkreten – **Ziele**
  („Wohin wollen wir?" – „So soll es werden!") und

⇨ Entwicklung von **Strategien**
  („Wie kommen wir dahin?" – „Das ist die Route!" und

⇨ Erstellung eines **Maßnahmenkatalogs**
  („Was müssen wir dafür einsetzen?" – „Das ist zu tun!")

Leitidee

Dies ist eine eher grundsätzliche Feststellung, was die Stadt bzw. Gemeinde als solche sein will. Oft ist es eine Art Grundaussage (Slogan), die möglichst einprägsam, kurz und knapp ausfallen sollte. Dies kann im Einzelfall bedeuten, dass

- die Stadt A sich als Kulturstadt,
- die Gemeinde B sich als attraktiven Wohnort,
- die Stadt C sich als High-Tech-Standort und
- die Gemeinde D sich als „Kleinod in einer einzigartigen Naturlandschaft"

etablieren und profilieren will.

Beispiel: Köln als Medienstadt – Karlsruhe als Technologiezentrum – Ulm als Wissenschaftsstadt – Pforzheim als *Gold- und Uhrenstadt* - Königsfeld als *Solargemeinde*
Diese Grundaussage bzw. Grundhaltung wird oftmals auch als „Kernleitbild" bezeichnet. Es ist ein wesentlicher Bestandteil des Stadt- oder Kommunalleitbildes. Aus der – zunächst eher abstrakten – Leitidee im Sinne eines Kernleitbildes werden dann die – wesentlich konkreteren – Ziele entwickelt. Es empfiehlt sich, zunächst mehrere Oberziele zu bestimmen. Diese werden auch als „Handlungsfelder" bezeichnet. Dies sind Aufgabenschwerpunkte, denen die Kommune im Rahmen des Stadt- und Kommunalmarketing ihre besondere Aufmerksamkeit widmen will.

Ziele

Hier sind zwei Zielebenen zu unterscheiden und zwar die Ebene der Oberziele und die der Unter- bzw. Einzelziele innerhalb des jeweiligen Oberzieles.

✓ Bestimmung der Oberziele

Solche Oberziele bzw. Handlungsfelder können z.b. sein:

- Einkaufen/Dienstleistungen/Handel in der Innenstadt
- Wirtschaft und Arbeit
- Kultur und Bildung
- Freizeit und Sport
- Tourismus einschließlich Naherholung
- Umwelt
- Soziales (Kinder, Jugend, Familie, Senioren, Behinderte)
- Stadt- bzw. Gemeindeverwaltung

✓ Innerhalb des jeweiligen Handlungsfeldes

- Formulierung eines Leitsatzes (im Sinne eines Slogans, der dieses Handlungsfeld kennzeichnet)
- Bestimmung von Einzelzielen
- Erarbeitung eines Maßnahmenkatalogs

Beispiel: Handlungsfeld „Verwaltung und Bürger"

Leitsatz: Bei uns ist der Bürger ein stets willkommener Kunde

Einzelziel: Gewährung der Dienstleistungen aus einer Hand

Maßnahmen: Einrichtung einer Bürgerserviceagentur (Bürgeramt, -büro)

Strategien

Bedeutung: Die festgesetzten Ziele können – zumeist – nicht ohne weiteres in operatives Handeln umgesetzt werden. Vielmehr bedarf der zielorientierte Einsatz der Marketing-Instrumente einer strategischen Lenkung.

- **Begriff**
  Strategien legen den notwendigen Handlungsrahmen bzw. die Route (= den Weg) fest, um damit zu gewährleisten, dass alle operativen Marketing-Instrumente auch konsequent und zielorientiert eingesetzt werden. Sie sind Handlungsanweisungen mit Richtlinien-Charakter.

- **Arten**
  Es gibt zahlreiche Strategien. Im kommunalen Bereich sind die nachfolgenden besonders hilfreich:
  - Marktfeldstrategien
  - Marktstimulierungsstrategien
  - Marktparzellierungsstrategien
  - Marktarealstrategien

  Hinweis: Die vorgenannten Strategien sind in Kapitel III „Übertragbarkeit des Marketing auf Kommunen" (Abschnitt 3.6) näher beschrieben.

Maßnahmen

Nachdem Ziele im Sinne von „Wunschorten" und Strategien im Sinne von „Routen" festgelegt sind, muss nun das zielstrategisch Gewollte operativ umgesetzt, also vollzogen werden. Dazu bedarf es des Einsatzes der operativen Marketing-Instrumente im Sinne von „Beförderungsmitteln". Als Maßnahmen kommen vor allem die Produkt-, Preis-, Kommunikations- und Distributions-Politik infrage. Hinweis: Nähere Einzelheiten hierzu sind in Kapitel III „Übertragbarkeit des Marketing auf Kommunen"(Abschnitt 3.7) beschrieben.

Leitbild

Das Leitbild – in der Praxis oft auch als „Stadtleitbild – Gemeindeleitbild oder Kommunalleitbild" bezeichnet – spiegelt das Selbstverständnis („Identität") der Stadt oder Gemeinde im Innen- und Außenverhältnis wider. Die in ihm gemachten Aussagen können als Versprechen der Institution „Stadt oder Gemeinde" gegenüber externen und internen Personengruppen verstanden werden.

Die wesentlichen Bestandteile des Leitbildes sind

⇨ die Kernaussage (Kernleitbild) – verschiedene Handlungsfelder mit strategischen Zielen sowie ein Maßnahmenkatalog.

Leitbilder müssen selbstverständlich auch visionäre, in die Zukunft gerichtete Aussagen enthalten. Von der eigentlichen (klassischen) Vision unterscheiden sie sich dadurch, dass sie auch Wege aufzeigen (durch den Maßnahmenkatalog), wie diese Ziele erreicht werden können.

6.6 Phase 4: Entscheidung
Bedeutung

In der Konzeptionsphase ist die Leitidee formuliert, sind Ziele definiert, Handlungsfelder festgelegt, Strategien entwickelt und Maßnahmen erarbeitet worden.

Diese sind als Vorschläge, Empfehlungen usw. zu verstehen, die an die zuständigen Entscheidungsträger (z.B. Gemeinderat, Ortschaftsrat, Verbandsversammlung, Bund der Selbständigen, örtliche Vereine) weitergeleitet werden.

Entscheidungsträger

Diese vorgenannten Gremien und Stellen haben darüber zu befinden,

⇨ ob bzw. inwieweit diese (unverbindlichen) Vorschläge in (verbindliche) Entscheidungen (Beschlüsse) umzuwandeln sind.

Hier spielen dann auch rechtliche, finanzielle, zeitliche und kommunalpolitische Aspekte eine wichtige Rolle.

Die Entscheidung über das im Entwurf vorliegende Gesamtkonzept „Stadt- und Kommunalmarketing" trifft der Gemeinderat in seiner Funktion als Hauptorgan der jeweiligen Stadt oder Gemeinde und als Vertretung der Bürgerschaft. Dies ist eine Art Rahmenplanung für die Kommune; Detailentscheidungen sind dann Angelegenheit der davon direkt betroffenen Stellen.

Beispiel: Als eine Maßnahme des Marketing-Instruments „Kommunikationspolitik" wird ein jährliches „Fest der Vereine" vorgeschlagen. Die notwendigen Einzelheiten sind von den davon betroffenen Vereinen (bzw. der „Arbeitsgemeinschaft der Vereine") zu entscheiden.

Soweit Gemeinderat und Stadt- bzw. Gemeindeverwaltung Entscheidungsträger sind, stellt sich ihnen die Frage, ob bzw. inwieweit die in der Konzeptionsphase erarbeiteten Vorschläge u.a. mit schon getroffenen Grundsatzentscheidungen etwa in der Form von Planungen wie z.B. Flächennutzungsplan, mittelfristige Finanzplanung, Generalverkehrsplan, Sanierungsprojekte harmonieren.

6.7 Phase 5: Umsetzung (Realisierung)
Bedeutung

Getreu dem Motto *Der Worte sind genug gewechselt* muss nun aus „dem Rat die Tat" werden. Das heißt: Die in der Entscheidungsphase gefassten Beschlüsse müssen nun von den zuständigen Stellen (z.B. Stadt- und Gemeindeverwaltung, Geschäftsführung des Bundes der Selbständigen, Vereinsvorsitzende) umgesetzt, also realisiert werden.

Umsetzungsmanagement

Dessen Aufgabe ist es, die notwendigen Vorkehrungen zu treffen, damit die festgelegten Maßnahmen (z.B. Anzeigenaktion in Tageszeitungen, Flyer für die Einwohnerschaft, „Rote-Teppich-Event" des Einzelhandels) durchgeführt werden. Notwendig sind

- Durchführungs- und Zeitpläne
- Kosten- und Finanzplanung
- Festlegung der personalen Verantwortung.

Hilfreich ist die folgende CHECKLISTE.

- Was? (= Eindeutige Bezeichnung der Maßnahmen)
- Warum? (= Nachvollziehbare Begründung)
- Wer? (= Bestimmung der verantwortlichen Institution bzw. Stellen)
- Wann? (= Zeitlicher Rahmen, insbesondere Beginn und Ende)
- Wie lange? (= Dauer)
- Wie teuer? (= Detaillierte Kostenaufstellung und Finanzierungsübersicht)

„Institutionalisierung" (Organisationsformen)

Für den laufenden professionellen Betrieb von Stadt- und Kommunalmarketing ist eine Institution notwendig, die tatsächlich sowie rechtsgeschäftlich und -verbindlich handeln kann.

Infrage kommen können:

- Stadt bzw. Gemeinde selbst (PR-Stelle, Marketing- bzw. Citymanager u.a.)
- Gründung eines „Stadt- und Kommunalmarketing-Vereins"
- Gründung einer GmbH

6.8 Phase 6: Kontrolle

Bedeutung

Eine – zumeist – mit erheblichem Aufwand und großen Erwartungen seitens der beteiligten Akteure verbundene Stadtmarketing-Konzeption bedarf der überprüfend-kontrollierenden Begleitung. Der dafür in der Managementliteratur gebräuchliche Begriff „Controlling" ist dabei in zweifacher Hinsicht zu verstehen, nämlich als

✓ Überwachung oder Beaufsichtigung und
✓ Steuerung oder Beherrschung.

Controlling – Begriff und Inhalte der Controllingaufgaben – werden insgesamt sehr unterschiedlich weit gefasst (Becker 2006, S. 861). Im Folgenden soll unterschieden werden zwischen der

- **ergebnisorientierten Kontrolle**
  (auch operatives Marketing-Controlling genannt). Hier geht es um die Überprüfung der laufenden Marketing-Maßnahmen im Sinne eines „Soll-Ist-Vergleiches". Eine wichtige Rolle spielt dabei die Analyse von Abweichungen, Abweichungsursachen und die Erarbeitung von angemessenen Anpassungsmaßnahmen.

Kernfrage als Fazit:

Haben wir mit den durchgeführten operativ-instrumentalen Maßnahmen die gesetzten Ziele erreicht?

- **prozessorientierte Kontrolle**
  (auch strategisches Marketing-Controlling bzw. Marketing-Audit genannt). Hier geht es um die Überprüfung grundsätzlicher konzeptioneller, mittel- und langfristiger Weichenstellungen. Es geht hier um Fragen nach den
  - erarbeiteten Konzepten
  - durchgeführten Maßnahmen und Tätigkeiten
  - eingehaltenen Zeit- und Kostenplänen
  - getroffenen Entscheidungen und
  - erfüllten Informationspflichten.

Kernfrage als Fazit:

Haben wir die Anpassungsfähigkeit der Kommune (Landkreis, Stadt, Gemeinde) an neue Markt- und Umweltkonstellationen sichergestellt, und zwar möglichst in einer vorausschauenden Weise? (Becker 2006, S. 877)

Durchführung

Die **ergebnis**bezogene Kontrolle kann z.B. durchgeführt durch

- die bei der Stadt- bzw. Gemeindeverwaltung für das Projekt „Stadt- und Kommunalmarketing" eingerichtete Stelle
- das Projektteam „Kommunales Marketing" (falls vorhanden)
- das städtische Rechnungsprüfungsamt (i.d.R. in Städten ab 20.000 Einwohnern vorhanden)
- eine (neutrale) externe Stelle (z.B. Beratungsunternehmen, Werbeagentur, Marktforscher)

Mit dem Marketing**controlling** sollte eine dafür fachkompetente Stelle (z.B. der Controller der Stadt- oder Gemeindeverwaltung) beauftragt werden.

6.9 Phase 7: Fortschreibung (Aktualisierung)

Bedeutung

Stadt- und Kommunalmarketing ist eine mittel-, besser langfristig angelegte Konzeption –, ein dauerhafter Prozess ohne definiertes Ende. Dieser Prozess wird für keine Stadt oder Gemeinde jemals ganz abgeschlossen sein!

Konsequenzen

Daraus folgt, dass

⇨ die in der Konzeption entwickelten Leitidee, Ziele, Strategien und Maßnahmen in regelmäßigen Abständen (im Idealfall: pro Jahr!) aktualisiert und ergänzt, also fortgeschrieben werden müssen.

Dies kann in der Praxis dadurch geschehen, dass

- ein jährlicher Rechenschaftsbericht gegenüber dem Gemeinderat und der Öffentlichkeit erstattet wird,
- die an der Erstellung der Konzeption Beteiligten sich in regelmäßigen Abständen treffen,
- bei der Stadt- bzw. Gemeindeverwaltung ein Verantwortlicher bestimmt wird, der das Projekt „Stadt- und Kommunalmarketing" hauptamtlich (oder zumindest als Teilauftrag) betreut.

6.10 Zeitlicher Ablauf

Für die einzelnen, vorstehend beschriebenen Phasen ist mit folgendem **Mindestbedarf** an Zeit zu rechnen:

PHASE	ZEIT
• Initialisierung	3 Monate
• Situationsanalyse	6 Monate
• Konzeption	6 Monate
• Entscheidung	3 Monate
Zeitbedarf insgesamt	**18 Monate**

Anmerkung

Die vorgenannten Zeitangaben setzen ein professionelles Vorbereiten der einzelnen Phasen voraus. Dies bedeutet: Es muss bei der Stadt oder Gemeinde eine in Stadt- und Kommunalmarketing erfahrene Person vorhanden sein. Dies kann entweder ein eigener Mitarbeiter bzw. Mitarbeiterin sein oder ein „eingekaufter Profi". Der Zeitbedarf für die Umsetzung und Verwirklichung des Maßnahmenkatalogs lässt sich nur bedingt schätzen. Verschiedene Aktivitäten werden unverzüglich realisiert werden können. Bei anderen Vorschlägen muss mit einem zeitlichen „Umsetzungsrahmen" zwischen sechs und 36 Monaten gerechnet werden. Dabei spielt die Finanzierung für das „Umsetzungstempo" eine entscheidende Rolle. Hinzu kommt, dass es für die Stadt oder Gemeinde ein recht aufwändiges Unterfangen sein kann, über „fremden Grund und Boden" legal verfügen zu können.

6.11 Kosten

Bei den Aussagen über die Erstellung eines Marketing-Konzeptes wird von dem Modell „Public-Private-Partnership" (Näheres siehe Abschnitt 5.4.3.!) ausgegangen. Sollte die Stadt oder Gemeinde ein externes Unternehmen mit der Konzeptionserstellung beauftragen, so muss mit Kosten in sechsstelliger Höhe gerechnet werden (Hinweis auf zwei durch Presseveröffentlichungen bekannt gewordene Beispiele: Eine Stadt im Hohelohekreis 52.000 EUR, eine Stadt im Landkreis Ludwigsburg 103.000 EUR). Genaue Zahlen lassen sich nur über ein konkretes Angebot mit eindeutigem Leistungsverzeichnis ermitteln.

Bei dem Modell „Public-Private-Partnership" ist zu unterscheiden zwischen

✓ unmittelbaren Kosten

Sie entstehen vor allem durch die Beauftragung externer Unternehmen für Spezialaufgaben (z.B. Meinungsbefragungen, Imageanalysen, Stärken-Schwächen-Profil, Moderation). Hier muss mit einem – geschätzten – Aufwand von jeweils mindestens 25.000 EUR gerechnet werden.

✓ mittelbaren Kosten

Dies sind Personal- und Sachkosten, die der Stadt- oder Gemeindeverwaltung im Zusammenhang mit der Erstellung der Konzeption „Stadt- und Kommunalmarketing" entstehen. Dabei wird unterstellt, dass die auf die Stadt- oder Gemeindeverwaltung entfallenden Tätigkeiten mit dem vorhandenen Personal wahrgenommen werden. Dieser personelle und sächliche Aufwand kann nur anhand des jeweiligen Einzelprojekts quantifiziert werden.

6.12 Schlussbetrachtung in Form von „Zehn Geboten"

1. Beim Thema Stadt- und Kommunalmarketing darf sich für die Verantwortung tragenden Kommunalpolitiker und Verwaltungsmanager wie auch für die privaten Akteure nicht mehr die Frage des „ob", sondern nur noch die des „wie" stellen.

2. Wer seine Kommune zukunftsfähig machen, also die Rahmenbedingungen dafür schaffen will, dass die Stadt oder Gemeinde auch in der Zukunft noch lebens- und konkurrenzfähig sein wird, für den ist Stadt- und Kommunalmarketing ein unbedingtes „Muss"!

3. Wer die Bürgerinnen und Bürger vor Ort aktivieren, sie also für eine Mitarbeit an der Lösung öffentlicher Probleme gewinnen will, für den stellt Stadt- und Kommunalmarketing einen wichtigen Ansatz der Partizipation und Motivation dar.

4. Denn: Stadt- und Kommunalmarketing bietet die Chance, aus passiven, nur an ihr Eigenwohl denkenden Einzelpersonen aktive, dem Gemeinwohl sich verpflichtet fühlende Bürgerbeteiligte zu machen, die sich mit ihrem Gemeinwesen identifizieren.

5. Eine solche, durch eine neue Kultur des Für- und Miteinanders geprägte Kommune ist auch für Externe - ob Besucher, Gäste und Nutzer, Unternehmen oder Investoren - eine attraktive „Adresse!"

6. Stadt- und Kommunalmarketing eröffnet auch und gerade die Möglichkeit, Neues zu wagen, die eingefahrenen Geleise zu verlassen und eine „Aufbruchstimmung" in der Bürgerschaft zu erzeugen.

7. Stadt- und Kommunalmarketing zwingt dazu, darüber nachzudenken, was letztendlich der eigentliche Auftrag jeder Stadt und Gemeinde ist: Ausrichtung des kommunalen Handelns (noch stärker und intensiver) auf die Bedürfnisse der Adressaten öffentlicher Leistungen.

8. Stadt- und Kommunalmarketing trägt dazu bei, aus den verschiedenen „Betätigungsfeldern unterschiedlichster örtlicher Akteure" im Sinne eines ganzheitlichen Ansatzes ein „Handeln aus einem Guss" zu machen.

9. Es geht beim Stadt- und Kommunalmarketing nicht darum, dass sich Kommunalpolitik und Kommunalverwaltung besser in der Öffentlichkeit „verkaufen". Im Mittelpunkt steht das „Produkt Stadt oder Gemeinde". Es muss optimal positioniert und bestmöglich nach innen und nach außen dargestellt werden.

10. Stadt- und Kommunalmarketing kostet Geld – der Verzicht darauf kostet langfristig aber die Lebens- und Konkurrenzfähigkeit der Stadt oder Gemeinde.

Kapitel VI
Marketing: „Beispiel Freibad in S."

Wie Marketing in der Kommunalverwaltung praktiziert werden könnte, soll anhand eines (erfundenen) Beispiels, dem ein Fall aus der Praxis zugrunde liegt, veranschaulicht werden. Der Schwerpunkt liegt dabei auf der methodischen Vorgehensweise.

1. Sachverhalt

Das in den 60er Jahren erbaute Freibad der Stadt S. (18.500 Einwohner) steht derzeit im Mittelpunkt einer kontroversen, weite Teil der örtlichen Öffentlichkeit aufwühlenden Diskussion. Da der diesjährige Haushaltsplan vom Landratsamt nur unter Vorbehalt und mit der Auflage genehmigt wurde, alle freiwilligen Aufgaben „auf den Prüfstand" zu nehmen, denkt man bei der Stadtverwaltung ernsthaft darüber nach, das *Schlossfreibad* künftig zu schließen. Mit einem jährlichen Defizit von rund 350.000 EUR zählt diese öffentliche Einrichtung zu den größten „Verlustbringern" im städtischen Etat.

Nicht nur in der Einwohnerschaft, sondern auch in Teilen des Gemeinderats hat sich bereits heftiger Widerstand gegen diese Schließungspläne formiert. In der gestrigen nichtöffentlichen Sitzung war sich der Gemeinderat darin einig, dass alles getan werden müsse, um das Freibad zu erhalten. Seine Schließung stelle die letzte aller Möglichkeiten dar, aus der städtischen Finanzkrise herauszukommen. Nicht zuletzt auch deshalb, weil das Freibad seinerzeit aufgrund eines beispielhaften ehrenamtlichen Engagements der Bürgerschaft gebaut und dann der Stadt geschenkt wurde.

Der Gemeinderat hat inzwischen die Stadtverwaltung beauftragt, innerhalb von drei Monaten ein entsprechendes Konzept zu erarbeiten mit dem Ziel, das Freibad auch künftig als öffentliche Einrichtung der Stadt S. zu erhalten. Dabei sollten alle Optionen ausgeschöpft werden, die ein modernes, in der Privatwirtschaft bestens bewährtes **Marketing** bietet.

2. Aufgabe der Fallbearbeitung

Vorgabe soll sein, ein Marketing-Konzept zu entwerfen. Dabei sollen die im Marketing üblichen Grundsätze und Vorgehensweisen – soweit auf den öffentlichen Sektor übertrag- und anwendbar – zu Grunde gelegt werden.

3. Lösungsüberlegungen

Es muss ein strategischer Planungsprozess in Gang gesetzt werden, in dessen Mittelpunkt die Erstellung eines Marketing-Konzeptes steht.
Der strategische Planungsprozess besteht aus unterschiedlichen Phasen, nämlich

⇨ Analyse – Zielfindung – Strategiebestimmung – Umsetzung – Kontrolle.

4. Analyse

Stichworte: Erfassen der eigenen Stärken und Schwächen – Beobachten der Konkurrenz – Wie steht es um die künftigen Chancen und Risiken?

4.1 Potenzialanalyse Zielgruppe: ⮕ das Unternehmen „Freibad S."

Hier geht es darum, die eigenen Potenziale und Fähigkeiten, wie auch die Mängel, Unzulänglichkeiten und Schwachstellen zu erfassen. Dies ist eine Art Abbildung der „Ist-Situation", der internen Gegebenheiten. Dabei müssen sämtliche Funktionsbereiche des Unternehmens untersucht werden. Die meisten Daten können aus dem „eigenen Betrieb" entnommen werden. Das nachstehende Schaubild ist als Anregung zu verstehen.

DIMENSIONEN	STÄRKEN	SCHWÄCHEN
Leistungsprogramm		
Finanzausstattung		
Größe (z.B. Besucherzahlen, Sach- und Geräteausstattung, Beckenanzahl und -größe)		
Innovationsstärke		
Personal (Mitarbeiter) • Anzahl, Qualifikation, • Motivation		
Management		
Marketing-Aktivitäten		
Image ...		

Abbildung 19: Potenzialanalyse

Hinweis

Die einzelnen Funktionsbereiche können z.b. mit Hilfe von Checklisten systematisch untersucht und dokumentiert werden. Hilfreich können auch regelmäßige Besucherbefragungen sein.

4.2 Konkurrenzanalyse Zielgruppe: ⊃ Wettbewerber

Hier geht es darum, die relevanten Konkurrenten (im Beispiel sollen es die Städte und Gemeinden A, B und C sein) zu identifizieren und deren Verhalten am Markt festzustellen. Ziel muss sein, eine möglichst umfassende Sammlung und Bewertung von Daten über die wichtigsten Konkurrenten des Freibads S. zu erhalten. Quellen: Berichte in Tagespresse, Geschäftsberichte, Haushaltspläne, Niederschriften über Sitzungen, falls zugänglich. Letztendlich sollen mit der Konkurrenzanalyse die Stärken und Schwächen der Wettbewerber (hier der Städte und Gemeinden A, B und C) erfasst werden.

DIMENSION	STADT A	GEMEINDE B	GEMEINDE C
Leistungsprogramm			
Finanzausstattung			
Größe (insb. Besucherzahlen, Sach- und Geräteausstattung, Beckenanzahl und -größe)			
Innovationsstärke			
Personal (Mitarbeiter) • Anzahl, Qualifikation, • Motivation			
Management			
Marketing-Aktivitäten			
Image			
...			

Abbildung 20: Konkurrenzanalyse

4.3 Umfeldanalyse Zielgruppe: ➲ Umfeld

Aufgabe: Erfassung und Analyse von Veränderungen im Makrosystem, also von Umwelt- bzw. Umfeldvariablen, die nicht durch den einzelnen Marktteilnehmer kontrolliert werden können, aber teilweise erheblichen Einfluss auf die mikroökonomischen Aktivitäten und insbesondere deren Folgewirkungen ausüben. Es geht insbesondere um die gesamtwirtschaftliche und technologische Entwicklung.

Nachstehend einige Fragen:

- Wie entwickelt sich die Bevölkerung (Anzahl, Altersstruktur, Familien)?
- Wie wird sich die Höhe des disponiblen persönlichen Einkommens entwickeln?
- Welche potenziellen gesellschaftlichen Trends (z.b. Wellness-Welle) entwickeln sich, die größere Auswirkungen auf das zukünftige Marktgeschehen haben können?
- Mit welchen technologischen Entwicklungen ist im Bäderbereich zu rechnen?
- Sind weitere verschärfte Anforderungen an die Wasserqualität zu erwarten?

Abbildung 21: Umfeldanalyse

4.4 Marktanalyse Zielgruppe: ➲ Abnehmer

Gegenstand der Marktanalyse sind die aktuellen und potenziellen Marktpartner des Unternehmens „Freibad S.". Beim Freibad sind die Abnehmer vor allem die jetzigen und künftigen Besucherinnen und Besucher aus der Stadt S. und den benachbarten Kommunen. Zielsetzung ist, Informationen zu bekommen über

- Struktur (Zahl, Alter, Geschlecht, evtl. berufliche Schichtung)
- Verhaltenspositionen (Motive, Einstellungen) und
- tatsächliche Verhaltensweisen

der Marktpartner, insbesondere also der Abnehmer. Dabei sind die aktuelle Situation und die zukünftige Entwicklung wichtig.

DIMENSION	GEMEINDE S	STADT A	GEMEINDE B	GEMEINDE C
Einwohnerzahl				
Alterstruktur				
Geschlecht				
Berufliche Schichtung				
Besucherzahlen				
Marktpotenzial, Marktvolumen, Sättigungsgrad				

Abbildung 22: Marktanalyse

Anmerkung

Marktpotenzial = Es gibt an, wie viele Einheiten eines Produktes insgesamt abgesetzt werden könnten, wenn alle potenziellen Kunden über die erforderlichen Mittel (Kaufkraft) verfügen und ein Kaufbedürfnis bestünde.

Marktvolumen = Es kennzeichnet die tatsächliche Absatzmenge einer Branche. Es handelt sich um den Teil des Marktpotenzials, den die gesamte Branche realisiert hat.

Sättigungsgrad = Setzt man die beiden vorgenannten Größen zueinander in Beziehung, so ergibt sich der Marktsättigungsgrad, also Marktsättigungsgrad = Marktvolumen: Marktpotenzial x 100

4.5 Auf einen Blick: Die Analyse
(auch „Situationsanalyse" und „Marketingforschung" genannt)

☐ Stärken-Schwächen-Analyse

Aus der Verknüpfung der Potenzialanalyse (Unternehmen „Freibad S.") und der Konkurrenzanalyse (Wettbewerber A, B und C) ergibt sich die

⇨ Stärken-Schwächen-Analyse in Bezug auf die derzeitige Situation des Unternehmens „Freibad S." zu den Wettbewerbern A, B, und C.

☐ Chancen-Risiken-Analyse

Sie verknüpft die

⇨ Ergebnisse der Markt- und Umfeldanalyse in Bezug auf zukünftige Entwicklungen.

Werden diese beiden Analysen zusammengefasst, so spricht man von der

⇨ SWOT - ANALYSE

Dies ist eine Positionsanalyse der eigenen Aktivitäten des Unternehmens „Freibad S." gegenüber den Wettbewerbern A, B und C. Wegen weiterer Einzelheiten zur SWOT-Analyse wird auf das Kapitel V „Stadt-, City- und Kommunalmarketing" verwiesen.

Anmerkung: Als differenzierte Stärken-Schwächenanalyse bzw. Chancen-Risikenanalyse weist die SWOT-Analyse eine große Ähnlichkeit mit der Portfolioanalyse auf.

5. Zielfindung

Stichworte: Was ist unser Selbstverständnis? Wer sind wir? Was wollen wir? Wohin soll „die Reise" gehen? Was wollen wir im Einzelnen erreichen?

5.1 Unsere Corporate Identity als Basis

Bevor das Unternehmen „Freibad S." seine Marketing-Ziele definiert, sollte es sich Gedanken machen über seine „Unternehmensidentität". Dieses „Selbst- bzw. „Eigenbild" drückt sich im Verhalten, in der Kommunikation und im Erscheinungsbild aus, wobei die Elemente kontinuierlich nach innen (auf die Mitarbeiter) und nach außen (z.b. gegenüber Kunden, Öffentlichkeit) ausstrahlen und in der Öffentlichkeit ein spezifisches Image (als mehr oder weniger genaues) Abbild der Identität entstehen lassen.

Das Ganze sollte einmünden in ein **Corporate-Identity-Konzept** mit dem Ziel eines einheitlichen Erscheinungsbildes. Ein wichtiger Bestandteil eines solchen CI-Konzeptes ist das **Leitbild**. Es enthält Aussagen zum Selbstverständnis und zur langfristigen Zielsetzung nach außen gegenüber den Einwohnern, aber auch gegenüber Auswärtigen, als tatsächliche oder potenzielle Kunden und nach innen gegenüber den eigenen Beschäftigten.

Nachstehend wird als Beispiel das Leitbild der Stadt Wernau, Landkreis Esslingen für ihr Unternehmen „Frei- und Hallenbad" veröffentlicht:

❶ **Wir** sind als Einrichtung der Stadt Wernau ein öffentliches Dienstleistungsunternehmen, das für alle Einwohner, Besucher und Gäste da ist.

❷ **Wir** wollen, dass sich alle Besucherinnen und Besucher in den Bädern wohl fühlen. Dies kann für den einen Badegast Ruhe und Entspannung, für den anderen Bewegung, Spaß und Freude sein. Dadurch auftretende Konflikte versuchen wir einvernehmlich zu lösen.

❸ **Wir** wollen im Rahmen unserer Möglichkeiten alles tun, um den Besucherinnen und Besuchern dieses Wohlbefinden zu ermöglichen.

❹ **Wir** wollen alles uns mögliche unternehmen, um die Sicherheit unserer Badegäste zu gewährleisten.

❺ **Wir** streben eine größtmögliche Hygiene und Sauberkeit an.

❻ **Wir** sind uns auch stets bewusst, dass Freibäder und Hallenbäder in der Regel jährliche Defizite erwirtschaften. Da diese Abmängel letztendlich von der Gesamtheit der Wernauer Steuerzahler aufzubringen sind, wollen wir die Bäder möglichst kostengünstig betreiben.

Im Folgenden sollen beispielhaft mögliche marktökonomische und marktpsychologische Marketing-Ziele des Unternehmens „Freibad S." skizziert werden.

5.2 Marktökonomische Marketing-Ziele

Infrage kommen könnten:
- Steigerung der Besucherzahl um 5 Prozent
- Verbesserung des Marktanteils um 8 Prozent
- Senkung des Jahresdefizits um 15 Prozent

5.3 Marktpsychologische Marketing-Ziele

Infrage kommen könnten:

- Steigerung des Bekanntheitsgrads
- Erhöhung der Kundenzufriedenheit und Kundenbindung
- Verbesserung des Images

5.4 Operationalisierung

Das Problem ist die Operationalisierung von Zielen. Dies bedeutet: Ziele müssen konkretisiert werden in empirisch überprüfbare, numerische Größen, die messbar sind. Deshalb müssen Ziele präzisiert werden im Hinblick auf

- Inhalt (Zielinhalt)   Beispiel: Steigerung der Besucherzahlen
- Ausmaß (Zielausmaß)   Beispiel: 10 Prozent
- zeitlichen Bezug (Zielperiode)   Beispiel: in einem Jahr

Bei den markt**ökonomischen** Zielen ist die Operationalisierung kein Problem. Sehr viel schwieriger ist die Zielmessung bei den markt**psychologischen** Zielen. Hier geht es oft nur über Umwege, indem z.B. das Ziel (z.B. Verbesserung des Images) in eine Vielzahl von einzelnen Elementen zerlegt wird, die etwa mittels Befragungen bewertet werden.

6. Strategiebestimmung

Stichworte: Wie kommen wir zu den angestrebten Zielen? Auf welcher „Route" werden wir sie erreichen? Welche langfristigen Überlegungen sind erforderlich? Für das Unternehmen „Freibad S." könnten die folgenden Marketing-Strategien interessant sein:

- ✓ Marktfeld-Strategie

    Es sollen z.B. neue Produkte bzw. Dienstleistungen angeboten werden.
    Beispiel: Aquajogging – Junge-Familie-Aktion – Seniorennachmittag

- ✓ Marktstimulierungs-Strategie

    Es sollen Anreize für bestimmte Besuchergruppen über den Preis geschaffen werden. Beispiel: Feierabend-Tickets für Berufstätige – Familienbadepass

- ✓ Marktareal-Strategie

    Verstärkte „Vermarktung" des Freibades auch in den umliegenden Städten und Gemeinden.

7. Umsetzung

Stichworte: Was müssen wir im Einzelnen tun? Welche Instrumente stehen uns zur Verfügung? Welche Maßnahmen passen zusammen? Welches Umsetzungsmanagement brauchen wir? Hier geht es darum, das zielstrategisch Gewollte operativ umzusetzen. Dazu bedarf es des Einsatzes der operativen Marketing-Instrumente, nämlich der Produkt-, Preis-, Kommunikations- und Distributions-Politik. Des Weiteren muss ein „Umsetzungsmanagement" installiert werden.

7.1 Einsatz der Marketing-Instrumente
Produkt-Politik

Infrage kommen könnten Produktinnovationen in der Form von

⇨ Junge-Familie-Baden – Aquajogging – Seniorenwassertreff

Preis-Politik

Infrage kommen könnten

⇨ kombiniertes Bad-Bus-Ticket – Abendcard für Berufstätige – Familiencard

Kommunikations-Politik

Hier steht dem Unternehmen „Freibad S." ein Bündel kommunikativer Aktivitäten zur Verfügung wie etwa

⇨ Anzeigenserie in Tageszeitungen – Flyers in alle Haushaltungen – Auszeichnung des „Badegastes der Woche" – Werbekampagne in Schulen und Vereinen – Serie im Gemeindemitteilungsblatt „Unser Freibad stellt sich vor" u.a.

Distributions-Politik

Infrage kommen könnten

⇨ Einsatz eines „Badebusses" für Auswärtige – Fahrradständer – Gratisparken – Fahrdienst für Seniorenschwimmer – dem Wetter angepasste flexible Öffnungszeiten

7.2 Umsetzungsmanagement

Für die Realisierung der verschiedenen Maßnahmen bedarf es eines professionellen Umsetzungsmanagements. Dazu gehören im Einzelnen

⇨ Durchführungs- und Zeitpläne – Kosten- und Finanzierungsübersicht – Festlegung der personalen Verantwortung.

Beispiele:

- Anzeigenserie in den drei Tageszeitungen an vier aufeinander folgenden Samstagen
- Aquajogging findet jeweils montags ab 19 Uhr statt
- Vereinbarung mit den Stadtwerken wegen eines „Bäder-Busses"

- Freibadpräsentation Anfang April in den Schulen, Anfang Mai in den Vereinen
- Am 25. April „Tag der offen Tür" mit allerlei Überraschungen

In der Stadt S. ressortiert das „Bädermanagement" bei der Kämmerei (infrage kommen könnten auch Schul- und Sportamt, Stadtwerke u.a.). Zu klären ist, ob die vorgenannten Marketing-Aktivitäten (Erstellung einer Marketing-Konzeption und dessen Umsetzung) vom vorhandenen stadtinternen „Bädermanagement" (falls entsprechendes Know-how vorhanden ist) oder von der städtischen Pressestelle (falls entsprechendes „Marketing-Know-how" vorhanden) wahrgenommen werden können. Falls dies verneint werden muss, wäre daran zu denken, eine externe PR- bzw. Marketing-Agentur damit zu beauftragen. Dies ist vor allem eine Kostenfrage!

Denkbar wäre auch, ein verwaltungsinternes Team „Kommunales Marketing" zu etablieren, das neben dem Freibad auch andere städtische Bereiche vermarktet. Federführend sollte die Pressestelle sein. Für Spezialaufgaben (z.B. Werbekampagne in Massenmedien, Entwurf eines Flyers) könnte externer Sachverstand eingekauft werden.

8. Kontrolle

Stichworte: Haben wir die angestrebten Ziele erreicht? Falls nein: Was waren die Ursachen? Sind die Verfahrens- und Entscheidungsabläufe insgesamt erfolgreich verlaufen? Hier geht es um zwei „Kontrollvorgänge", nämlich

⇨ ergebnisbezogene und prozessbezogene Marketing-Kontrolle.

8.1 Ergebnisbezogene Marketing-Kontrolle

Das ist insbesondere ein Soll-Ist-Vergleich mit Zielvorgabe.

Bereich	Planansatz (SOLL)	Tatsächliche Ergebnisse (IST)
Besucherzahlen		
Umsatz		
Personalkosten		
Sachkosten		
Werbeetat		

Abbildung 23: Ergebnisbezogene Marketing-Kontrolle

Hinweis

Zu prüfen ist auch, inwieweit die marktpsychologischen Ziele (z.B. Erhöhung des Bekanntheitsgrades, Stärkung der Kundenzufriedenheit) erreicht worden sind. Wichtig ist auch, die Ursachen für etwaige „Planabweichungen" zu ermitteln (Abweichungsanalyse).

8.2 Prozessbezogene Marketing-Kontrolle
(auch „Marketing-Controlling" oder „Marketing-Audit" genannt)

Hier geht es um

⇨ die kritische Überprüfung sämtlicher *Verfahrensabläufe* sowie der *Entscheidungsprozesse*.

Hilfreiche Fragen für das Marketing-Controlling:

- Haben sich die eingesetzten Planungsverfahren bewährt?
- War die Informationsversorgung innerhalb des „Bädermanagements" optimal?
- Waren die definierten Ziele realistisch?
- Waren die angewandten Strategieformen angemessen?
- Wird das „Bad-Leitbild" von den Beschäftigten ernst genommen?
- Waren die verschiedenen Marketing-Maßnahmen gut aufeinander abgestimmt im Sinne eines Marketing-Mix?
- Hat sich die interne, institutionalisierte Organisationsform des Marketing bewährt?

8.3 Durchführung der Kontrolle

Zu klären ist die Frage, wer die Marketing-Kontrolle vornehmen soll.
Mögliche Optionen:

✓ für ergebnisbezogene Kontrolle

- die interne Marketingstelle oder
- das verwaltungsinterne Team „Kommunales Marketing" oder
- das Rechnungsprüfungsamt
  (i.d.R. in Kommunen ab 20.000 Einwohnern vorhanden)

✓ für prozessbezogene Kontrolle

- der städtische Controller (falls vorhanden) oder
- eine externe Stelle (z.B. Werbeagentur).

9. Schlussbetrachtung

Die eine oder andere Aussage, Anregung und Feststellung in diesem Beispielsfall mag für manchen „Marketingschaffenden" vor Ort nicht neu, sondern vielmehr sehr vertraut sein. Denn gerade bei jenen öffentlichen Einrichtungen, in denen die Stadt oder Gemeinde die „Konkurrenz der kommunalen Nachbarschaft spürt", ist man ja schon bisher nicht untätig geblieben.

Was aber – so die häufige Beobachtung des Verfassers – oftmals fehlt: Das systematische, Schritt für Schritt und Baustein für Baustein aufeinander folgende Vorgehen im Sinne eines in sich stimmigen und schlüssigen Ablaufplanes.

Der Praktiker „verschwendet" seine Zeit zumeist nur ungern mit langen „theoretischen Grundüberlegungen". Er will tätig werden, „machen" (deshalb oft auch als „Macher" bezeichnet) und Sichtbares auf die Beine stellen. Für ihn zählt vor allem, was ist, nicht was sein könnte oder sollte! Und er hat damit auch häufig Erfolg, zumal er sich recht oft auf seinen „Instinkt" verlassen kann. Andererseits: Eine der Tat vorausgehende „theoretische Betrachtungsweise" mit einem den Ernstfall zuvor „spielerisch vorwegnehmenden Gedankenentwurf" hat einem Vorhaben noch selten geschadet. Und genau das ist Sinn und Zweck eines Marketing-Konzeptes. Wir beschäftigen uns zu Beginn des „Vermarktungsvorgangs" mit dem derzeitigen Zustand des „Vermarktungsobjektes" (z.B. Freibad), beobachten die Wettbewerber und machen uns Gedanken über die Entwicklung (= **Situationsanalyse**). Danach klären wir ab, was wir wollen (= **Zielplanung**). Wir legen in groben Zügen den Weg zur Zielerreichung fest (= **Strategiebestimmung**) und überlegen uns, was wir dazu im Einzelnen alles brauchen (= **Marketing-Instrumente**). Und natürlich benötigen wir auch eine Stelle, die das ganze „managt", also im Einzelnen umsetzt und ausführt (= **Marketing-Organisation**). Zu guter Letzt wollen wir am Ende unseres Wirtschaftsjahres auch wissen, was herausgekommen ist (= **ergebnisorientierte Marketing-Kontrolle**). Und weil auch für uns das Thema „Controlling" längst zum beruflichen Alltag gehört, wollen wir nicht erst am Ende des Wirtschaftsjahres Bilanz ziehen und nur vergangenheitsbezogene Kontrolle durchführen, sondern möglichst projekt- und prozessbegleitend tätig werden (= **prozessorientierte Marketing-Kontrolle bzw. Marketing-Controlling**).

Deshalb anstelle eines „Schlusswortes" die „anregende Frage" an die jetzigen und künftigen Marketing-Kolleginnen und -kollegen" vor Ort: „Wie wäre es das nächste Mal mit einem Marketing-Konzept à la Jourdan?" Ich meine, es wäre ein Versuch wert!

Anlage

1. Wirtschaftsförderung: Teil „Standortfaktoren"

1.1 Bedeutung
Die schon seit Jahren stattfindende Diskussion über die Attraktivität des „Standort Deutschland" veranschaulicht, wie bedeutsam die Standortauswahl bei der Gründung, der Verlagerung oder Erweiterung eines Unternehmens ist.
Für die Städte und Gemeinden als Träger des örtlichen „Wirtschaftsstandorts" ist es deshalb wichtig, die Standortfaktoren zu kennen, die ausschlaggebend für unternehmerische Standortentscheidungen sein können. Nur dann können sie ein erfolgreiches STANDORTMARKETING betreiben.

1.2 Rahmenbedingungen
Ursache des Standortwahlproblems sind die RAHMENBEDINGUNGEN der verschiedenen Standorte und ihre Auswirkungen auf die Möglichkeiten der Zielerreichung der Unternehmen.
Hier kann man unterscheiden zwischen

> ⇨ **geografischen** Rahmenbedingungen
> Es gibt geografisch extrem gebundene Standorte (B.: Bergbauunternehmen) und solche, bei denen eine geografisch freie Standortwahl besteht.
>
> ⇨ **ökonomischen** Rahmenbedingungen
> Hierzu gehören die Verfügbarkeit von Arbeitskräften, die Nähe der Absatzmärkte und damit verbundene Transportkosten und Infrastruktur sowie Rechtsnormen.

1.3 Anforderungen
Bei der Feststellung der Eignungsgrade möglicher Standorte sind
✓ drei Anforderungen
an einen Standort zu berücksichtigen:

- Anforderungen an und Möglichkeiten des Standorts müssen übereinstimmen
  z.B.: Sollen neue Arbeitsplätze geschaffen werden, müssen entsprechende Arbeitskräfte vorhanden sein

- Standort muss räumliche und zeitliche Rationalisierungseffekte ermöglichen
  z.B.: Rationalisierungseffekt tritt ein durch Nähe zur Zulieferindustrie

- Standort muss der langfristig erwarteten Entwicklung des Unternehmens Rechnung tragen z.B.: räumliche Expansion, Bevölkerungsentwicklung, Entwicklung der politischen und gesellschaftlichen Rahmenbedingungen (wie etwa Ausstieg aus Kernenergie!)

1.4 Arten von Standortentscheidungen

Es lassen sich drei Arten von Standortentscheidungen unterscheiden:

- Unternehmensgründung
  Hinweis: solche Entscheidungen werden oftmals eher emotional (Heimatnähe) als rational getroffen.
- Verlagerung ganzer Unternehmen
  Derzeit eine hochaktuelle Diskussion. Begründet werden solche Verlagerungen oftmals mit der Änderung der Absatz- und Beschaffungsmarktbedingungen (mehr Kunden-/Lieferantennähe) sowie der erwarteten Lohnkosten- und/oder Steuervorteile (Produktionskostenvorteile insbesondere im Ausland).
- Die Verlagerung von Teilbereichen eines Unternehmens
  Hinweis: sie wird heute sehr oft praktiziert mit den vorgenannten Begründungen!

2. Begriffe

2.1 Standort
= der geografische Ort, an dem ein Unternehmen Produktionsfaktoren einsetzt, um Leistungen zu erstellen.

2.2 Standortfaktoren
= die marktbedingten Entscheidungskriterien der Standortentscheidung.

3. Elemente der Standortentscheidung

3.1 Externe und interne Daten

Unternehmen treffen die Wahl des Standorts vor dem Hintergrund unternehmensexterner und unternehmensinterner Daten.

- Externe Daten
  Dies sind beispielsweise geologische, klimatische, politische oder rechtliche Verhältnisse.
- Interne Daten
  Dies können beispielsweise finanzielle Einschränkungen durch notwendige Neuinvestitionen an einem anderen Standort oder persönliche Präferenzen der Entscheidungsträger sein.

Daneben gibt es eine Reihe weiterer Faktoren, die sich auf die Wahl des Standorts auswirken. In der Literatur gibt es zahlreiche Ansätze zur Systematisierung der Einflussgrößen auf die Standortentscheidung (= Standortfaktorenkataloge).

3.2 Standortfaktoren

Nachstehend werden die wichtigsten Standortfaktoren aufgelistet:
- Beschaffungsorientierte Standortfaktoren
z.B.: Grundstücke, Roh-, Hilfs- und Betriebsstoffe, Arbeitskräfte, Energie, Verkehr
- Fertigungsorientierte Standortfaktoren
z.B.: natürliche Gegebenheiten (Beschaffung von Boden und Klima), technische Gegebenheiten (räumliche Nähe kooperationsbereiter Unternehmen wie etwa Autozulieferer)
- Absatzorientierte Standortfaktoren
z.B.: Absatzpotenzial (Bevölkerungsstruktur, Kaufkraft), Herkunftsgoodwill (Standort hat aufgrund der Qualität der dort erzeugten Produkte ein hohes Image, wie etwa Stahl aus Solingen, Stollen aus Dresden) Absatzkontakte (Vorhandensein von Absatzhilfen wie etwa Makler, Messen, Werbeagenturen)
- Staatlich festgelegte Standortfaktoren
z.B.: Steuern (Hebesatz bei Gewerbesteuer), grenzüberschreitende Regelungen (Zölle, Außenhandelsgesetz), Wirtschaftsordnung (Wettbewerbsgesetze, Mitbestimmung), Umweltschutzmaßnahmen (Auflagen zur Reduktion von Umweltbelastungen, Aktivitäten von Bürgerinitiativen), staatliche Hilfen (Förderprogramme in der Form von Investitionshilfen für strukturschwache Regionen, Existenzgründerhilfen).

Eine weit verbreitete Einteilung ist auch jene in
⇨ harte und weiche Standortfaktoren.

Als **weiche** Standortfaktoren gelten beispielsweise
- die gemeindliche Infrastruktur im Bereich der Bildung und Kultur
(etwa das Vorhandensein aller weiterführender Schulen, Volkshochschule, Theater)
- die Arbeitsweise der örtlichen öffentlichen Verwaltung
(rasche Erteilung von Genehmigungen, „wirtschaftsfreundliche Grundeinstellung")
- das Image der Gemeinde
(eine Kommune mit einem hohen Image im Sinne von bundes- oder landesweitem – positivem – Bekanntheitsgrad wird eher auswärtige Unternehmen „anziehen" als eine „Graue-Maus-Gemeinde").
- das Erscheinungsbild der Gemeinde
(insbesondere der „optische Eindruck" auf Dritte)

- der Freizeitwert der Gemeinde
  (hierbei spielen u.a. eine Rolle die landschaftliche Lage, „Unversehrtheit" der Natur, Freizeitmöglichkeiten).
  Hinweis auf die Übersicht der folgenden Seiten!

Literaturhinweise

Pietschmann/Vahs, Einführung in die BWL, 1997

Schneck, Betriebswirtschaftlehre, 2005, 6. Aufl.

Zentes, Taschenlexlkon Marketing, 2001, 5. Aufl.

Olfertl/Rahn, Einführung in die BWL, 2005, 8. Aufl.

Töpfer, Stadtmarketing, 1993

Wirtschaftsförderung: Standortfaktoren

„Harte" Standortfaktoren	„Weiche" Standortfaktoren
Geografische Lage z.B. Zentral- und Randlage **Verkehrsanbindung** z.B.: Erreichbarkeit auf Straße, Schiene, Luft und Wasser, Qualität der Anbindung für Personen- und Güterverkehr **Technische Infrastruktur** z.B.: Energiepreise, Vorlieferanten, Wasserqualität, Abfall- und Werkstoffentsorgung **Verfügbarkeit/Qualität von Flächen/Grundstücken** z.B.: gemeindliches oder privates Eigentum, Baurecht, Stand der Erschließung, Grundstücksgrößen, Altlasten, Grundstückskaufpreise **Wirtschaftliche Lage** z.B.: Besatz an Handwerksbetrieben, attraktive neue Betriebe **Arbeitskräfteangebot** z.B.: Zahl nach Alter und Geschlecht, Qualifikationsstand, Umschulungs- und Qualifizierungsangebote der Agentur für Arbeit, Zahl der offenen Stellen, Arbeitslosenquote, berufliche Bildung **Städtebauliche Beschaffenheit** z.B.: Erhaltungsgrad der Bausubstanz, städtebauliche Sanierungs- und Entwicklungsgebiete, historische und denkmalgeschützte Gebäude **Finanzlage** z.B.: Haushaltssituation der Kommune, begonnene und geplante öffentliche Investitionen, Förderung für öffentliche Infrastruktur, Fördermittel und -programme für betriebliche Investitionen, Höhe der öffentlichen Abgaben	**Natürliche Umweltbedingungen** z.B.: Topografie und Landschaft, Wetter und Klima, Wald, Wasser **Wohnen** z.B.: Verfügbarkeit und Qualität von Wohnraum, neue Wohngebiete im Eigenheim- oder Geschosswohnbau, Grundstückspreise **Schulische Einrichtungen** z.B.: Schulangebot insgesamt, weiterführende Schulen **Freizeitwert und Kulturangebot** z.B.: Sportanlagen, -angebote, Vereinswesen, Sport- und Freizeitangebote mit hohem Imagewert wie Segeln, Reiten, Golf, Theater und Museen, Konzerte, gastronomisches Angebot **Einzelhandelsstruktur, Einkaufsqualität** z.B.: hochwertige Angebote, städtebauliche und Erlebnisqualität der Innenstadt **Wissenschaft und Forschung** z.B.: Hochschulen oder Fachhochschulen am Ort, öffentliche und private Forschungseinrichtungen, Technologie- und Innovationsberatung **zentralörtliche Dienstleistungen** - *öffentlich*: Kreissparkasse, staatliche Behörden, Agentur für Arbeit, IHK, Handwerkskammer, Krankenhäuser, Gerichte - *privat*: Verbände, Architektur- und Ingenieurbüros, Rechts-, Wirtschafts- und Steuerberatung, Banken und Versicherungen, Handwerk **Mentalität und Geschichte** z.B.: Einstellung zur Arbeit, große „Festfreudigkeit", berühmte Persönlichkeiten aus Kommune **Image** z.B.: der Kommune, einzelner Zielgruppen, überörtlicher Bekanntheitsgrad

Faktor „Verwaltung"

Die folgenden Faktoren bzw. Aspekte kennzeichnen die Leistungsfähigkeit bzw. die Qualität der öffentlichen Dienstleistungserstellung:

- Qualität der Aufbau- und Ablauforganisation (Gebilde- und Prozessstruktur)
- Qualifikation und Motivation der Mitarbeiterinnen und Mitarbeiter
- personelle Ausstattung (Kapazität)
- technische Ausstattung
- Selbstverständnis/Identität der Verwaltung (Corporate-Identity)
- Rechtssicherheit und Verbindlichkeit von Verwaltungsentscheidungen
- Kompetenz, Zuverlässigkeit, Einheitlichkeit und Schnelligkeit bei der Aufgabenerfüllung
- Informationsmanagement und Serviceorientierung (z.B. Offenheit und Freundlichkeit) der Verwaltungsmitarbeiterinnen und -mitarbeiter im Umgang mit den Kunden
- Image der Verwaltung.

Literaturverzeichnis

I. Marketing allgemein

Becker, J. (2006), Marketing-Konzeption, 8. Aufl., München

Bieberstein, I. (2001), Dienstleistungsmarketing, 3. Aufl., Ludwigshafen

Bruhn/Homburg (2004), Marketing Lexikon, 2. Aufl., München

Ebster, C. (2002), Marktforschung leicht gemacht, 2. Aufl., Wien

Froböse M./Kaapke, A. (2003), Marketing, 2. Aufl., Frankfurt/Main

Geml R./Geisbüsch, H.G./Lauer, H. (2004), Kleines Marketing-Lexikon, 3. Aufl., Düsseldorf

Hopp, H./Göbel, A. (2004), Management in der öffentlichen Verwaltung, 2. Aufl., Stuttgart

Kirsch J./Müllerschön B. (2003), Marketing kompakt, 5. Aufl., Sternenfels

Kirsch J./Müllerschön, B. (2001), Managementwissen Marketing, Sternenfels

Kotler, P./Bliemel, F. (2007), Marketing-Management: Planung, Umsetzung und Verwirklichung, 12. Aufl., Stuttgart.

Kuhlmann, C. (2004), Grundlagen des Marketing, München

Meffert, H. (2000), Marketing, 9. Aufl., Wiesbaden

Pepels, W. (2002), Marketing-Lexikon, 2. Aufl., München

Pesch, J. (2005), Marketing, Weinheim

Peters, T.J./Waterman, R.H.(1984), Auf der Suche nach Spitzenleistungen, 10. Aufl., Landsberg am Lech

Poth, L./Poth, G. (2002), Marketing Begriffe, 2. Aufl., Wiesbaden

Raffée, H. (1974), Grundprobleme der Betriebswirtschaftslehre, Göttingen

Ramme, I. (2004), Marketing, 2. Aufl., Stuttgart

Scharf A./Schubert B. (2001), Marketing, 3. Aufl., Stuttgart

Uhe, G. (2002), Strategisches Marketing, Berlin

Weis, H.C. (2007), Marketing, 14. Aufl., Ludwigshafen

Weis, H.C./Steinmetz, P. (2002), Marktforschung, 5. Aufl., Ludwigshafen

Wölm, D. (1998), Kreatives Marketing, Stuttgart

Zentes, J. (2001), Taschenlexikon Marketing, 5. Aufl., Stuttgart

II. Stadt- und Kommunalmarketing

Arend, M./Wolf, A. (1994), Stadtmarketing, Trier

Balderjahn, I. (2000), Standort-Marketing, Stuttgart

Bargehr, B. (1991), Marketing in der öffentlichen Verwaltung, Stuttgart

Behrens, K.C. (1963), Absatzwerbung, Wiesbaden

Belzer, V. (Hrsg.) (1998), Sinn in Organisationen: Leitbilder, München und Mering

Beyer R./Kuron, I. (Hrsg.) (1995), Stadt- und Regionalmarketing, Bonn

Birkigt, K./Stadler, M.M./Funck., H.J. (2002), Corporate Identity, 9. Aufl., Landsberg am Lech

Bleicher, K. (1994), Leitbilder, 2. Aufl., Stuttgart/Zürich

bscd (2002), Stadtmarketing, Aachen

Endres, F. (1984), Strategien kommunaler Öffentlichkeitsarbeit, Stuttgart/München/Hannover

Funke U., (1997), Vom Stadtmarketing zur Stadtkonzeption, 2. Aufl., Köln

Funke U./Müller, E. (Hrsg) (1999), Stadtkonzeption live, Stuttgart

Grabow, B./Hollbach-Grömig, B. (1998), Stadtmarketing - eine kritische Bilanz, Berlin

Helbrecht I. (1994), „Stadtmarketing", Basel/ Boston/ Berlin

Herbst, D. (1998), Corporate Identity, Berlin

imakomm Akademie (Hrsg.) (2006), Betriebswirtschaft und Management für Wirtschaftsförderer, Aalen

Jourdan (1989) in: Verwaltungsmanagement, Corporate-Identity-Konzept, Stuttgart

Jourdan (1996) in: Verwaltungsmanagement, Verwaltungsleitbild Kommunalverwaltung, Stuttgart

Kippes (1992), Kommunalleitbilder, Verwaltungspraxis Baden-Württemberg 1/1992, S. 1-5

Klein, A. (2005), Kultur-Marketing, 2. Aufl., München

Konken, M. (2000), Stadtmarketing, Limburgerhof

Kroehl, H. (2000), CI 21, München

Kuron I./Bona, A. (2000), City-Management - Leitfaden für die Praxis, Berlin

Landesgewerbeamt Stuttgart (Hrsg.) (1994), Leitfaden Citymarketing, Stuttgart

Meyer, J.A. (1999), Regionalmarketing, München

Pepels, W. (1999), Kommunikationsmanagement, 3. Aufl., Stuttgart

Peter, J./Müller, E. (1998), Presse- und Öffentlichkeitsarbeit in der Kommune, Stuttgart

Pfaff-Schley, H. (Hrsg.) (1997), Stadtmarketing und kommunales Audit, Berlin Heidelberg New York

Raffée, H./Fritz, W./Wiedmann, P. (1994), Marketing für öffentliche Betriebe, Stuttgart

Reschl, R./Rogg, W. (2003), Kommunale Wirtschaftsförderung, Sternenfels

Rogge, H.J. (2000), Werbung, 5. Aufl., Ludwigshafen

Schäfer, A. (1999), Cityentwicklung und Einzelhandel, Hamburg

Töpfer, A./Müller, R. (1988), Marketing im kommunalen Bereich – Sinn oder Unsinn?, städtetag 11/88

Töpfer, A. (1990), Marketing im öffentlichen Sektor, Die Verwaltung 4/90

Töpfer, A. (1993) (Hrsg.), Stadtmarketing, Baden-Baden

Töpfer, A./Braun, G. (Hrsg.) (1989), Marketing im kommunalen Bereich

Wiechula, A. (2000), Stadtmarketing im Kontext eines Public Management, Stuttgart Berlin Köln

Zerres, M./Zerres I. (Hrsg.) (2000), Kooperatives Stadtmarketing, Stuttgart

Printed by Libri Plureos GmbH
in Hamburg, Germany